I 42
2706

EXPOSÉ
ET COMPTE GÉNÉRAL,
EN RECETTE ET DÉPENSE,
APPUYÉ DE PIÈCES JUSTIFICATIVES,
DES OPÉRATIONS
FAITES AVEC LE GOUVERNEMENT,

PAR LA COMPAGNIE DES MAISONS DE COMMERCE ASSOCIÉES,

CHRISTOPHE FLACHAT, LAPORTE et CASTELIN, Négocians à Paris.
SABIN PERAGALLO et Ce., Négocians à Marseille.
BARTHELEMY PERAGALLO et PAYAN, Négocians à Gênes.
GEOFFROY REBUFAT et Ce., Négocians à Livourne.

ADRESSÉS

Au Corps législatif, au Directoire exécutif, au Tribunal de cassation, aux Ministres de la guerre, des finances et de la justice, et aux Commissaires de la trésorerie nationale.

―――――――

Nous avons rendu compte, dans un précédent mémoire, de nos opérations de Livourne. Elles ne formoient qu'une branche de celles, dont nous avons été chargés, par nos traités avec le gouvernement. Aujourd'hui nous pouvons satisfaire l'attente de tous les hommes qui, attachent quelque prix au

A

triomphe de la justice. C'est le compte général de nos opérations, que nous soumettons à l'examen public.

Nous ne serons donc plus jugés sur des fables outrageantes, ni sur d'infidelles préventions ! Chacun aura dans ses mains une mesure exacte, pour apprécier notre conduite et celle de nos adversaires. Combien ce moment tardoit à notre impatience ! Nous n'avons jamais plus vivement senti la rigueur de la persécution que nous éprouvons, que par les entraves et les lenteurs, dont elle a embarassé les soins de notre défense. Mais enfin notre persévérance a vaincu tous ces obstacles, et nous avons rassemblé toutes les pièces originales qui, justifient notre comptabilité, jusques dans ses moindres détails.

Ainsi va s'évanouir ce fantôme menaçant de la plus injuste accusation ! Si jamais diffamation ne fut plus éclatante que la nôtre, jamais justification n'aura été plus solide, plus claire, plus incontestable. A côté de chaque reproche, on lira la preuve écrite de sa fausseté ; à côté de chaque acte de persécution, on entendra la constitution qui le condamne.

S'il est douloureux de voir le gouvernement, trompé ou subjugué, déchirer lui-même ceux qui l'ont servi avec le plus de zèle et de fidélité, c'est au moins une consolation de penser que, quelque redoutable que soit un pouvoir, il ne sauroit anéantir la vérité.

Pour éviter toute confusion, dans l'exposé que nous allons faire, nous traiterons séparément ce qui concerne les fournitures et ce qui a rapport aux prises et contributions de l'Italie. Nous parlerons ensuite de l'outrage fait aux lois et à la liberté, par notre traduction devant un conseil de guerre.

On trouvera, à la suite de ce mémoire, notre compte général, en recette et dépense, tel qu'il a été signifié, avec toutes les pièces justificatives, à la trésorerie nationale, et dont il résulte que nous sommes créanciers du gouvernement, de 1,353,539 liv. 14 s. 10 d.

OPÉRATIONS DE LA COMPAGNIE,

Relatives aux Fournitures.

L'expérience ayant éclairé le gouvernement, sur les abus sans nombre des agences d'approvisionnement, il songea à les remplacer par des marchés à entreprise. Notre Compagnie s'étoit formée quelque tems auparavant, par la réunion de quatre maisons de commerce. La guerre, qui suspendoit les spéculations auxquelles son institution la destinoit, lui fit naître l'idée de traiter avec le gouvernement, pour la fourniture des blés nécessaires sur toutes les côtes de la Méditerranée. Nul autre ne pouvoit présenter plus que nous des garanties et des moyens de succès. Nous avions des maisons à Gênes, Livourne et Marseille : plusieurs des membres de la Compagnie jouissent d'une réputation héréditaire et d'un vaste crédit dans les principales places de l'Europe.

Nous offrîmes au gouvernement l'emploi de tous ces moyens, et notre premier mot fut de lui annoncer que nous garantissions la sureté des approvisionnemens et que nous prenions pour notre compte *tous les risques de guerre et de mer*. Pour connoître l'importance de cet engagement, il faut savoir que les dangers de la traversée étoient tels, ou la mal-adresse des expéditeurs si grande, que jusqu'alors le gouvernement n'avoit pas reçu un vaisseau de blé, qu'il n'en eût eu, au moins, trois à payer. Ce langage si nouveau dans les bureaux du ministère, y fut bientôt distingué. Le

Directoire exécutif et le ministre de la guerre, charmés de se reposer, pour les approvisionnemens de la campagne qui alloit s'ouvrir, sur la loyauté et les ressources de négocians connus, résolurent de traiter avec nous.

Le marché fut conclu le 13 pluviôse de l'an 4e, sur les bases les plus favorables aux intérêts de la République, et qui furent combinées par des hommes très-instruits, dont le gouvernement rechercha les conseils. Nous nous engageâmes à faire, pendant une année, sur toutes les côtes de la Méditerranée, depuis les Pyrennées jusqu'à Gênes, toutes les fournitures en blés durs étrangers qui seroient nécessaires à la subsistance des quatre armées du Midi, et des divisions militaires qui en dépendoient ; nous nous chargeâmes, pour notre propre compte, *de tous les périls et pertes de guerre et de mer* ; nous eûmes pour bénéfice une commission de 10 sols par quintal, et une prime proportionnelle, croissant en raison de la baisse du prix des grains. Il fut d'ailleurs fixé un *maximum* que ce prix ne pouvoit jamais excéder ; enfin, nous devions être payés à fur et mesure du versement, et recevoir un million d'anticipation. La fourniture fut provisoirement fixée à 60,000 quintaux par mois.

Nous dirons bientôt avec quel zèle nous exécutâmes ce marché : mais voyons d'abord comment le gouvernement remplit lui-même ses promesses. Le million d'anticipation ne fut point payé. Les difficultés qu'éprouvoit le service de la trésorerie nationale, obligèrent la Compagnie de prendre avec le ministre des finances, des arrangemens pour assurer l'exécution de son marché. Il fut en conséquence signé le 30 pluviôse, entre le citoyen Ramel et nous, un traité qui porte, en substance, qu'il nous sera remis, sur le pied de l'estimation, pour trois millions de meubles et effets, pour les vendre et en tenir compte progressivement sur le montant de nos fournitures, et qu'il nous sera payé, par la trésorerie nationale, 20,000 l. par jour, et le solde à la fin de chaque mois. Ce second traité ne fut pas mieux exécuté que le premier : à peine reçûmes-nous le neuvième des effets promis, dont la remise s'effectua avec lenteur, dont l'estimation fut exorbitante, et dont la qualité rendoit la vente presqu'impossible. Quant aux 20,000 liv., ils furent payés pendant peu de jours, réduits à moitié pendant quelques autres, et bientôt entièrement supprimés.

Mais, la détresse du trésor public n'étoit qu'une foible image de celle des armées, dont la subsistance nous étoit confiée. Les troupes entassées sur les côtes arides de la rivière de Gênes, ne vivoient que du jour au jour, par des moyens précaires et violents. Les caisses et les magasins étoient vuides et tous les services désorganisés. Le général Scherer avoit signalé la fin de sa campagne par des prodiges passagers, nés du désespoir de la disette, mais auxquels le défaut absolu de moyens n'avoit pas permis de donner une consistance utile. Ce guerrier ne trouvant plus de proportion entre les plans qu'on lui traçoit et les ressources qu'on ne pouvoit lui donner, venoit d'abandonner ce grand fardeau aux mains d'un successeur plus audacieux.

L'armée ne recevoit du blé que par le cabotage des Grecs, qui avoient ramassé, dans les mers du Levant, tous les grains de rebut. Ce mêlange infect, dont le blé formoit la moindre partie, coûtoit à la République le prix énorme de 70 à 90 l. la charge, et excitoit tous les jours de sanglantes querelles entre les Grecs et les soldats, entre les empoisonneurs et les empoisonnés. Mais telle étoit la misère de ces tems, que d'un côté on ne payoit point aux Grecs le grain qu'ils avoient déjà livré, que d'un autre côté on ne pouvoit se résoudre à recevoir le reste de cette impure denrée, et qu'en mêmetems on craignoit de se priver de cette ressource dans un extrême besoin. Cet embarras suggéra l'étrange parti de mettre un embargo sur les navires, et de fournir, aux hommes des équipages, la solde des troupes françaises; si bien qu'à cette époque, la République nourrissoit, dans Nice, cette bizarre garnison de deux mille créanciers fournisseurs.

Cependant l'ouverture de la campagne s'approchoit. Les coalisés avoient confié leurs forces au général Beaulieu, couvert d'une grande réputation militaire. Ce vieillard actif tenoit toutes les clés des Apennins; et s'étant avancé jusqu'à la mer, il avoit surpris les Français dans Voltri, et coupé nos communications avec Gênes. La victoire n'avoit point encore révélé à l'Europe le génie de Bonaparte, et la jeunesse de ce héros alarmoit autant que son obscurité. C'est dans ces circonstances que, n'ayant absolument rien à espérer en France de la trésorerie nationale, et tout à craindre en Italie de la situation des affaires, nous vîmes cependant, en quelque sorte, dans nos mains, les destinées de la campagne.

L'armée française ne pouvoit tenir dans la position où elle se trouvoit. Il falloit, ou qu'elle repassât le Var, ou qu'elle pénétrât dans le Piémont. Mais comment s'avancer sans moyens de subsistance? Plus la crise étoit vive, plus notre dévouement fut complet: nous écrivîmes au général Bonaparte que nous attachions notre fortune à la sienne, et nous ne comptâmes plus ni les dangers ni les sacrifices. L'un de nous se jeta, à Gênes, dans une barque de pêcheur, et passa la nuit entre la flotte anglaise et les batteries autrichiennes. Nous vuidâmes tous nos magasins dans ceux de l'armée ; nos maisons épuisèrent leur crédit et leurs ressources, et nous nous mîmes à découvert, sur nos propres fonds et sans garantie, de près d'un million, avant que le gouvernement nous eût compté aucunes sommes, et dans le moment où il n'exécutoit avec nous aucun de ses engagemens.

Tranquille sur les subsistances des troupes, Bonaparte leva l'embargo mis sur les navires des Grecs, leur permit d'aller vendre ailleurs leur cargaison, et délivra ainsi l'armée de ses empoisonneurs, et le trésor public d'une nouvelle surcharge qu'il n'auroit pu supporter.

Plusieurs de nos navires étoient entrés dans Nice, malgré les croisières de la flotte anglaise ; le commissaire-ordonnateur nous invita, au nom du salut de l'armée (cette invitation est en nos mains), de faire rétrograder trois de ces navires, et de les envoyer à Oneille, Luano et Vado : ces trois navires sortirent sous le feu de la flotte, arrivèrent sur les plages qui nous étoient indiquées ; l'armée eut alors les moyens de s'avancer, et bientôt la bataille de Mellesimo signala le début de Bonaparte, et la chûte de Ceva ouvrit les plaines du Piémont à l'armée victorieuse. Nous venions de donner un exemple de dévouement et de civisme qu'aucun fournisseur n'avoit imité, et qui fut vivement senti. Le gouvernement et le général en chef nous comblèrent d'éloges. Ce dernier écrivit au ministre de la guerre de la manière la plus flatteuse pour notre Compagnie. L'envie se faisoit alors, et personne ne songeoit à nous disputer l'honneur de nous ruiner pour la République.

En s'éloignant des côtes de la Méditerranée, l'armée française ne diminua pas la quantité des versemens de blé que nous avions à y faire, soit parce qu'elle y laissa des établissemens et des réserves importantes, soit parce que le nombre des prisonniers qu'elle y envoya, égala bientôt celui des vainqueurs. Nos grains alimentoient d'ailleurs l'armée des Alpes et toutes les divisions militaires des départemens du midi de la France. Le gouvernement les faisoit remonter jusques dans le Tarn et la Lozère pour que les troupes qui pacifioient ces contrées, n'en consommassent pas les subsistances. Ce grand approvisionnement se faisoit à nos seuls périls et risques ; la mer étoit abandonnée aux pirateries des Anglais, des Napolitains et des Corses, et nous ne pûmes jamais obtenir qu'il sortît au moins de Toulon quelques chaloupes canonnières, pour protéger la navigation de la rivière de Gênes. Les Anglais vinrent jusque sous les batteries françaises à Luano, brûler un de nos navires en déchargement, reconnu pour le meilleur voilier de la Méditerranée, et qui avoit plusieurs fois, avec sa cargaison, traversé la flotte anglaise. Ce fut pourtant au milieu de ces obstacles, que nous maintînmes constamment l'abondance ; et l'on conviendra, sans doute, qu'un succès si nouveau, depuis la guerre, ne pouvoit s'attendre que de l'habileté de négocians exercés depuis long-tems au commerce de ces mers.

L'abondance fut accompagnée d'un autre résultat non moins essentiel. Nous avions observé au gouvernement que la hausse excessive du prix des grains, étoit occasionnée par

la

la concurrence des achats confiés à une multitude d'agens indiscrets, que les commissions d'approvisionnemens avoient répandus en foule, tant au dehors que dans l'intérieur de la République, et qui tous achetant au nom du gouvernement et allant sur les brisées les uns des autres, donnoient par cette imprudente méthode une idée exorbitante des besoins, et faisoient hausser le prix de la denrée. Nous avions promis au gouvernement qu'en concentrant les achats à l'étranger dans nos mains, les prix baisseroient infailliblement, et c'est ce qui arriva aussitôt que nous parûmes seuls, et en notre qualité de commerçans, dans les marchés de la Méditerranée. Aussi le blé que nous avons livré au gouvernement, lui est-il revenu à 5 et 6 l. par quintal de moins que le *maximum* fixé par notre marché. Dans le même tems, le ministre Benezech se conduisoit d'après les mêmes principes, pour les approvisionnemens de l'intérieur, et la baisse qui étoit notre ouvrage dans l'étranger, concourut puissamment à celle que ce ministre sut amener au-dedans de la République : l'on vit dans tous les marchés la confiance se ranimer, et l'abondance reparut avec la circulation. Le gouvernement ne nous démentira pas, quand nous assurerons que nos ressources et notre activité ont puissamment contribué à le délivrer du plus redoutable fléau qui ait menacé les premiers tems de son existence.

Tandis que nous continuions l'approvisionnement des côtes, l'armée active poursuivant ses conquêtes dans l'intérieur de l'Italie, subsistoit sur les magasins ennemis et sur les réquisitions faites dans le pays, opérations auxquelles nous ne devions prendre et ne prîmes en effet aucune part. Mais ces ressources tarirent, et le pays épuisé ne laissa plus

B

attendre que des soulèvemens. Le dénuement de l'armée étoit extrême, et il ne lui étoit pas possible, dans l'éloignement où elle se trouvoit, de consommer les blés que nous versions sur les côtes. Ce fut dans cet embarras que le général Bonaparte, l'ordonnateur en chef et l'agent des vivres nous engagèrent à nous charger de la fourniture des grains, légumes et liquides nécessaires à l'armée active. Nous avions une grande répugnance à entreprendre une affaire qui s'éloignoit des relations ordinaires de notre commerce dans la Méditerranée ; mais nous en fûmes vivement pressés, comme étant la seule Compagnie en état de l'exécuter. En effet, nous nous étions conduits en Italie avec la loyauté qui sied à des négocians ; et cette manière d'opérer nous avoit acquis la confiance générale. C'est ce que sentoit bien l'ordonnateur en chef, lorsqu'il écrivoit le 28 brumaire dernier au ministre de la guerre : *L'exactitude de la Compagnie Flachat, dans ses paiemens, lui a donné en Italie un crédit qui la met à portée de rendre aujourd'hui les services les plus essentiels.*

Nous cédâmes donc aux sollicitations, et nous conclûmes le 7 fructidor, avec l'agent en chef des vivres, un marché pour la fourniture d'une quantité déterminée de grains, légumes et liquides. Ce marché fut calqué, autant que le comportoit la nature des choses, sur celui que nous avions passé avec le ministre de la guerre pour l'approvisionnement des côtes ; et il fut approuvé et signé par l'ordonnateur en chef et par le général Bonaparte. Nous l'avons fidèlement exécuté dans toute sa plénitude, à force de zèle et de sacrifices, et au milieu des obstacles et des dégoûts sans nombre qui naissoient, à chaque instant, de l'épuisement d'un pays occupé depuis deux ans par les armées autrichiennes, et des inquiétudes populaires occasionnées par la crainte de la disette.

C'est ainsi que nous avons fait nos fournitures, sans que le plus léger reproche pût raisonnablement nous atteindre. Faut-il parler de l'exactitude et de la célérité des versemens? Tout manquoit sur les côtes, avant notre marché avec le ministre de la guerre. Nous avons par-tout ramené l'abondance; et nulle plainte, à cet égard, n'a fatigué le gouvernement. Les rapports les plus favorables sont arrivés de tous côtés au ministre de la guerre : il les a transmis au Directoire : dans tous les tems ce ministre a rendu justice à la Compagnie : il connoissoit ses opérations; la partie de nos comptes qu'il a réglé, s'élève à plus de six millions.

Quant à l'armée active, nous nous étions engagés à verser des quantités fixes de denrées, dans des magasins principaux qui étoient désignés par notre traité : mais nous n'étions chargés d'aucuns services, d'aucuns transports : nous étions et nous avons toujours été simplement des négocians vendeurs, entièrement étrangers à l'emploi et à la destination de leurs versemens : nous avons complété toutes les fournitures promises, et ces versemens, quoiqu'immenses, ont été exécutés en peu de tems. Dans un rapport au ministre de la guerre, le commissaire ordonnateur en chef a parlé avec éloge de nos efforts et des services que nous avons rendus à l'armée. Par quelle singularité arrive-t-il que toutes les autorités avec lesquelles nous avons traité et qui, par leurs fonctions, pouvoient seules connoître et examiner nos affaires, ont toujours donné à la Compagnie des marques publiques d'estime et de satisfaction, et que les calomnies, les accusations vagues, les attaques ridicules ont toutes été dirigées par ceux qui n'avoient aucune connoissance de nos opérations, aucuns rapports avec nous, et aucuns droits de nous attaquer? et, ce qui n'est pas moins étonnant, c'est que, pendant une année qu'ont duré les diverses opérations de la Compagnie, aucunes plaintes n'ont été dirigées contre elle, et que les persécutions ne commencent que lorsque, toutes les fournitures consommées, tous les comptes réglés, il ne s'agit plus que de lui payer un reliquat important dont elle est créancière.

On appréciera encore mieux l'ensemble de notre conduite dans ces fournitures, par la manière dont nous en avons réglé la comptabilité. Nous pouvions, à l'exemple de tous les autres fournisseurs, harceler, par des provisoires, le ministre et les ordonnateurs : rien de pareil ne nous sera imputé. Nous ne nous sommes jamais présentés à eux que nos pièces comptables à la main. Nous ne voulions ni pressurer ni tromper ; nous n'avions rien à attendre ni du tems, ni de l'obscurité. Nos comptes ont toujours été appuyés de pièces régulières et arrêtés définitivement. On a su en tout tems où l'on en étoit avec nous, et quel étoit le prix et la quantité de nos fournitures. N'ayant rien à dissimuler, nous avons constamment appelé une prompte lumière sur nous et sur nos comptes ; nous avons apporté, dans tous nos rapports avec le gouvernement, la franchise, la clarté, l'ordre rigoureux qui caractérisent les procédés commerciaux. Aussi, cette considération rend-elle encore plus invraisemblable l'imputation vague et atroce, que l'on nous a faite, d'avoir simulé des fournitures. Ce reproche, mérite une explication, et nous espérons qu'elle convaincra tout homme impartial ; que cette simulation étoit impossible , et qu'elle a déjà été solemnellement et matériellement reconnue fausse et calomnieuse.

En effet, nous avons traité avec le ministre de la guerre , et ensuite avec le chef de l'administration des vivres, pour différentes fournitures. Nous avons été assujétis, pour en toucher le paiement, à représenter , pour chaque objet, la quittance des vendeurs et le récépissé comptable du garde-magasin de la République, visé par le commissaire des guerres. Il est évident que nous ne pouvons opérer par nous-mêmes les versemens dans une foule de dépôts épars sur une surface de près de trois cents lieues. Nous sommes donc réduits à employer ou des commis, ou des sous-fournisseurs, et nous ne pouvons exiger d'eux autre chose, que ce qu'on exige de nous-mêmes ; c'est-à-dire , les quittances et les récépissés comptables visés. Ainsi, d'un côté les gardes-magasins et les commissaires des guerres , loin d'être soumis à aucune inspection de notre part , sont les contrôleurs de nos versemens : dès qu'ils nous ont donné leurs récépissés, notre mission est finie , et ils deviennent seuls dépositaires et dispensateurs des fournitures. Nous savons que l'entrée en est constante; mais nous ignorons à jamais quel en est l'emploi et la sortie, car les fournisseurs n'ont rien de commun avec la comptabilité des gardes-magasins ; et par-tout où il y a un récépissé comptable donné , le garde-magasin est seul responsable, et il faut bien qu'il justifie d'un emploi légitime. D'un autre côté, quand nos fournisseurs nous rapportent le récépissé visé , c'est-à-dire , la preuve authentique qu'ils ont fait le versement, et le titre en vertu duquel nous devons être payés , nous sommes bien forcés de les croire et de les payer eux-mêmes.

Qu'on nous dise maintenant ce que signifie une accusation vague, faite à un fournisseur général, qu'il a simulé des fournitures. N'est-ce pas alléguer un crime, sans désignation, sans preuves, contre l'évidence et les preuves écrites ? N'est-ce pas rendre le fournisseur responsable des faits du garde-magasin, qui lui sont étrangers, et de sa comptabilité qu'il ne lui est pas même permis de connoître ? Ce langage, qui seroit le comble de l'absurdité, dans la bouche du fournisseur, vis-à-vis de ses sous-traitans, pourroit-il donc être raisonnablement employé contre lui, pour le même fait et dans les mêmes circonstances ? S'il en étoit ainsi, qu'on nous apprenne quelle ressource il restera au fournisseur le plus probe et le plus fidelle, pour échapper à une accusation si facile et si atroce ? Quel est le tribunal qui ne nous auroit condamné à payer celui de nos sous-traitans qui nous auroit représenté un récépissé comptable ? Est-il donc une autre justice pour nous-mêmes qui avons payé et dû payer ces sous-traitans ? Si de tels principes pouvoient paroître un instant douteux, il faudroit que tout négociant, un peu jaloux de sa réputation, de son repos et de sa fortune, évitât l'approvisionnement des armées, comme on fuit les lieux contagieux. Il est donc évident que l'imputation qui nous est faite, est absurde et inadmissible.

Comment, d'ailleurs, concevoir la possibilité de la simulation imaginée par nos adversaires ? Remarquez en premier lieu, que nous n'avons jamais fait un seul versement que d'après l'ordre précis de l'agent en chef des vivres, indicatif du lieu et de la quantité, et que toujours ces ordres étoient motivés par des besoins urgens qu'on ne satisfait pas par des secours simulés. Remarquez, en second lieu, que cet agent recevoit, chaque décade, l'état de situation de tous les magasins, qu'il connoissoit à fond l'entrée et la sortie des denrées, la force des besoins et des consommations, et qu'il étoit impossible que la moindre fraude échapât à sa vigilance. Remarquez, en troisième lieu, que pendant l'année de nos fournitures, les consommations ont été moindres de moitié que les années précédentes, quoiqu'elles eussent dû être, au contraire, beaucoup plus considérables, si l'on fait attention que l'armée a été doublée, que le nombre des prisonniers a été immense, et qu'il a fallu mettre en état de siége sur les derrières des places et forteresses, où il existe encore en ce moment de grands approvisionnemens fournis par notre Compagnie. Remarquez, enfin, que nous opérions dans un pays où les mouvemens révolutionnaires et la crainte de la disette éveilloient tous les esprits ; où nos commis et nos sous-fournisseurs étoient épiés, et toutes nos denrées suivies à la piste ; où, pour agir avec sûreté, nous remettions au général commandant de la Lombardie, non seulement les états des quantités des grains achetés, livrés ou à livrer, mais encore l'indication des magasins de l'armée pour lesquels ils étoient destinés. Qu'on rassemble toutes ces circonstances, et qu'on juge s'il étoit possible, au milieu de tant de surveillance et d'entraves, et lorsque le moindre mouvement laissoit des traces ineffaçables, de simuler des fournitures.

Mais voici qui est bien plus positif, et qui prouvera que nous avons eu raison de dire que l'imputation dont il s'agit *a été solemnellement et matériellement reconnue fausse*. Le chef des vivres nous avoit indiqué les lieux de versement d'où il pouvoit distribuer avec sûreté les grains pour le service des divisions les plus avancées de l'armée. Il est vraisemblable que quelquefois les transports, qui ne nous concernoient pas, manquoient d'exactitude. Les ennemis de notre Compagnie saisirent adroitement ce prétexte pour tromper le général sur notre compte, et abuser de l'impossibilité où ses grands travaux militaires le mettoient de suivre les détails administratifs et de juger de sang froid leurs absurdes délations. Le général arrivé à Milan, nous fit ses plaintes, et s'emporta dans la vivacité de ses reproches jusqu'à nous dire que nos fournitures devoient être simulées. Un tel mensonge, dont on le rendoit l'organe involontaire, méritoit d'être relevé, et il le fut bientôt victorieusement.

Nous écrivîmes, le 22 vendémiaire, à l'ordonnateur général : *Sur notre déclaration au général en chef, que nous avions versé depuis notre nouveau traité environ 50 à 60 mille quintaux ; il nous a répondu que, l'armée active ne vivant qu'au jour le jour, la plus grande partie de nos fournitures devoit être simulée.*

Notre Compagnie ne peut rester une minute chargée de ce soupçon. Si l'accusation étoit portée par un homme ordinaire, notre réputation seroit notre réponse ; mais, dès qu'il s'agit de l'opinion du général en chef, ce sont des preuves qu'il faut lui opposer, et ces preuves, nous ne pouvons les tenir que de vous. Veuillez ordonner qu'à l'instant les quantités de grains, qui ont été versées par nous dans les quatre places du Piémont, soient constatées. Ordonnez la même mesure pour vérifier l'état des fournitures, que nous vous avons remis hier, et qui est relatif aux places de la Lombardie. Si vous nous refusez cette vérification, nous sommes obligés de quitter le service. Nous n'achetons pas des affaires aux dépens de notre honneur, et nous ne conserverons jamais celles qui feroient naître contre nous l'idée de soupçons, si on ne nous donne pas tous les moyens nécessaires pour les détruire en un instant. Voyez aux pièces justificatives, n°. 2.

Nous

Nous écrivîmes ensuite dans le même sens au général en chef, en lui annonçant que nous pressions la vérification générale de nos fournitures.

En effet, l'ordonnateur en chef avoit, sur les plaintes du général, et avant notre lettre, donné par-tout les ordres pour cette vérification générale. Elle se fit dans tous les magasins ; par-tout le résultat fut le même. La sincérité de nos fournitures fut avérée, et notre probité mise dans tout son jour. Les procès-verbaux furent tous adressés à l'ordonnateur en chef : nous rapporterons aux pièces justificatives, sous le n°. 1, celui qui fut fait à Alexandrie, parce que c'est dans ce lieu que nos versemens avoient été les plus considérables, et parce que, cette ville étant une place de réserve un peu éloignée de l'armée active, le général y avoit particulièrement dirigé ses injustes soupçons.

La satisfaction que nous avions droit d'attendre, sur l'imputation calomnieuse qui nous avoit été faite, devint complette. Nous présentâmes, au chef de l'administration des vivres, deux comptes de nos fournitures, à la date du 5 brumaire et du 1er. frimaire ; c'est-à-dire, postérieurement à l'imputation et à la reconnoissance authentique de sa fausseté. Ce chef, qui, comme nous l'avons dit, recevoit, toutes les décades, l'état de situation de chaque magasin, qui connoissoit avec précision l'entrée, l'emploi et la sortie de chaque objet, ainsi que l'étendue des besoins, savoit, mieux que personne, combien étoit mensongère l'accusation qu'on nous avoit portée : il vérifia et arrêta nos deux comptes ; et nous pouvons dire, avec vérité, que ce règlement est une preuve sans réplique de la réalité de nos fournitures.

C

Il faut y joindre le témoignage non moins puissant de l'ordonnateur en chef. C'est lui qui, sur les plaintes du général, avoit fait vérifier toutes nos fournitures, avec les soins et la solemnité qu'exigeoit une affaire aussi grave. C'est lui qui, postérieurement à tous ces faits, et bien convaincu par lui-même de l'injustice de la persécution que nous avions essuyée, ordonnança les deux comptes dont nous venons de parler, le 5 brumaire et le 1er. frimaire derniers.

Ces aveux cumulés de notre innocence sont indépendans de l'opinion des hommes, et tiennent à des vérités de fait si démontrées, que la malveillance est elle-même forcée d'y souscrire. Lorsqu'on a imaginé de renouveller contre nous cette calomnie de fournitures simulées, déjà si complettement démentie, on a cru donner quelqu'air de vraisemblance à cette invention de la mauvaise foi, en faisant arrêter en Italie quelques gardes-magasins, supposés complices de la prétendue simulation : qu'en est-il résulté ? L'odieuse fausseté de l'accusation a frappé tous les yeux, et les complices d'un délit imaginaire ont été aussitôt absous par jugement, et mis en liberté.

Nos opérations relatives aux fournitures, se réduisent donc à quelques points d'une extrême simplicité.

Engagés à verser dans les magasins de la République, des fournitures d'une quantité déterminée, nous l'avons fait avec exactitude, quoiqu'en Italie le pays fût épuisé, quoique sur les côtes la navigation fût fermée par une flotte ennemie et des essaims de corsaires.

Frustrés de tout ce que le gouvernement nous avoit promis, nous n'avons pas craint d'avancer et toute notre fortune, et tout notre crédit, pour soutenir l'armée et décider l'ouverture de la campagne, service vivement senti alors, indignement oublié aujourd'hui.

Pendant l'année de nos fournitures, les subsistances de l'armée ont été saines et abondantes, les consommations beaucoup moindres, et les prix très-inférieurs à ceux des années précédentes.

Enfin notre comptabilité a été successivement réglée, avec ordre, sans lacune, et toujours d'une manière définitive : le gouvernement a retiré de nos mains les pièces comptables ; nous avons les arrêtés de comptes et les ordonnances qui terminent cette partie de nos opérations, et tels sont nos titres : nous les rapportons au compte général qui est à la fin du mémoire, et ils forment le n°. 14 des pièces justificatives de la dépense, qui ont été signifiées à la trésorerie nationale.

OPÉRATIONS DE LA COMPAGNIE,

Relatives aux contributions et prises de guerre en Italie.

Bonaparte pénétroit en vainqueur dans l'Italie : par-tout des prises faites sur l'ennemi, ou des contributions imposées aux vaincus, devoient réparer une partie des maux de la guerre : cependant le trésor public appeloit vainement ces produits si désirés ; à peine quelques-unes de leurs parcelles, échappées au gouffre qui les dévoroit en Italie, étoient parvenues en France, et avoient irrité plutôt que satisfait les besoins de la trésorerie.

Un banquier génois avoit été institué dépositaire de ces contributions ; il acquittoit, avec une grande inexactitude, les lettres-de-change tirées sur lui : nous l'avions éprouvé nous-mêmes : les plaintes étoient générales, et le gouvernement ne tarda pas à sentir la nécessité de prendre d'autres mesures.

Il songea donc à établir un ordre de choses, qui amenât plus promptement au trésor public la partie des contributions dont il devoit disposer : le crédit et la distribution de nos maisons de commerce, la confiance que nous avions méritée par notre conduite dans les fournitures, firent juger au gouvernement que nous étions propres à remplir ses vues. En conséquence, la trésorerie nationale et le ministre des finances, de l'agrément du Directoire exécutif, souscrivirent avec nous, le 19 messidor, un traité qui fut suivi, le 28, de quelques articles additionnels : ces actes seront aux pièces justificatives, sous le n°. 3.

Nous devions, aux termes du traité, réaliser les valeurs qui nous seroient remises du produit des contributions, et en verser le montant, partie en numéraire et lingots, à Huningue et Paris, partie en papier sur l'étranger, garanti par nous.

Par les articles additionnels, tous les diamans, bijoux, effets et marchandises, faisant partie des contributions et prises sur l'ennemi, devoient nous être remis après inventaire et estimation, pour les vendre, au compte de la République, toujours au-dessus du prix estimatif.

Nous étions autorisés à retenir une commission de deux pour cent sur le papier, de cinq pour cent sur le numéraire, et une prime sur le produit des ventes, qui excéderoit le prix de l'estimation.

On verra bientôt que ces avantages, qui n'étoient qu'une indemnité assez foible de toutes les charges que nous avions acceptées, notamment celle de tenir compte des valeurs métalliques, d'après la quantité de grains de fin, évalués suivant le prix des monnoies, sans égard au cours du commerce, nous ont presque tous manqué. Les observations suivantes feront connoître, avec précision, la nature de ces traités, et les opérations qui en ont été la suite.

1°. Le but du gouvernement, en traitant avec nous, étoit d'appliquer aux besoins de la trésorerie nationale une partie des contributions levées par l'armée. Notre mission, sous ce point de vue, ne pouvoit qu'être infiniment odieuse à plusieurs individus, dont elle contrarioit les vues, l'influence et l'intérêt : elle dérangea beaucoup, en effet, une infinité de petits calculs de localité, dont nos ennemis doivent nous savoir gré de ne pas révéler l'histoire.

Hâtons-nous de dire qu'à peine nos traités furent signés, le gouvernement, pressé par ses besoins, changea lui-même la marche d'exécution qu'il nous avoit tracée dans ces actes.

Les créanciers de l'état obsédoient la trésorerie et le ministre des finances : depuis long-tems on leur promettoit des remises sur l'Italie : tous les services des ports et des armées alloient manquer : le ministre ne put attendre l'exécution de nos traités : il fit une répartition de quatre millions : le Directoire l'approuva : mais cette répartition étoit inutile sans notre concours : la trésorerie et le ministre nous sollicitèrent de fournir notre papier sur notre maison de Gênes : ce n'étoient point là nos conventions : nous n'avions encore en nos mains que nos traités, et *aucunes valeurs*. Pleins de confiance dans le gouvernement, nous livrâmes notre papier sur Gênes : la trésorerie le remit aux créanciers, et son service marcha.

Cette manière de faire emploi, à la trésorerie, des valeurs que nous devions recevoir, avant qu'elles fussent disponibles en nos mains, parut plus expéditive au gouvernement : les mêmes embarras et les mêmes motifs qui avoient nécessité une première répartition en amenèrent bientôt une seconde, une troisième, etc., et, toujours, nos maisons oublièrent les engagemens pris envers elles, pour ne s'occuper que des services qui leur étoient demandés : de son côté, le gouvernement ne négligeoit rien pour seconder nos efforts : si on veut se faire une idée de l'impatience qu'il avoit de faire verser en nos mains les valeurs qu'il craignoit de voir disparoître, avec tant d'autres, avant qu'il en eût disposé, qu'on lise les deux lettres suivantes ; elles nous furent adressées peu de tems après la signature de nos traités :

« Paris, 5 thermidor, an 4e. de la République.

„ *Le Ministre des finances aux Commissaires de la trésorerie nationale.*

„ Je vous envoie, citoyens commissaires, la copie des
„ dépêches que je reçois sur les contributions de l'Italie ; elles
„ vous paroîtront assez satisfaisantes. Veuillez faire part au
„ citoyen Flachat de l'article qui concerne l'envoi de
„ 8,000,000 liv. à Tortone, et prévenez-le de se donner
„ les soins qu'il vous a promis pour rendre cette somme
„ bientôt disponible.

„ Salut et fraternité,

„ *Le ministre des finances*, D. V. RAMEL. „

« Paris, le 7 thermidor, an 4 de la République.

„ *Les Commissaires de la trésorerie nationale aux citoyens Cristophe*
„ *Flachat, Laporte et Castelin.*

„ Nous vous transmettons ci-joint, citoyens, copie d'une
„ lettre que vient de nous écrire le ministre des finances,
„ relativement aux contributions d'Italie, ainsi que les deux
„ lettres du citoyen Garreau et du ministre de la guerre qui
„ y étoient jointes : vous y verrez qu'en ce moment il doit
„ y avoir huit millions disponibles à Tortone : nous vous
„ invitons à prendre toutes les mesures nécessaires pour
„ activer promptement les rentrées de ces sommes à la
„ trésorerie, en exécution des traités que nous avons passés
„ avec vous les 19 et 28 du mois passé.

„ *Signés* LEMONIER, DECLERK et DESREZ. „

Qu'est-il résulté de ces ordres si précis ? Nous n'avons rien négligé pour effectuer promptement les rentrées sollicitées par la trésorerie. D'un autre côté, la malveillance ne négligea rien sur les lieux pour y apporter des obstacles. Nous étions pressans parce que notre signature étoit engagée à l'avance ; mais on nous faisoit chicanes sur chicanes, précisément parce qu'on savoit que nous avions des sommes considérables à payer, et qu'on vouloit nous faire manquer à nos engagemens : tout ce que nous pourrions dire à cet égard auroit l'air d'un roman.

Quoiqu'il en soit, nous avons satisfait à tout, et le compte général que nous fournissons à la suite de ce mémoire, présente, d'une part, tout ce que nous avons reçu ; de l'autre, tout ce que nous avons employé, d'après les ordres du gouvernement , et enfin le reliquat important dont nous sommes créanciers.

Ce compte , imprimé à la suite de ce mémoire , est appuyé de pièces justificatives qui ne comprennent, soit à la recette, soit à la dépense, que des objets liquides ; il vient d'être signifié , avec les pièces, à la trésorerie , et le procès-verbal de signification est ci-après , au n°. 5.

Qu'on nous dise maintenant ce que signifie cette trop fameuse lettre , par laquelle on nous accuse d'avoir volé 5 ou 6 millions.

Il est bientôt tems qu'on s'explique avec nous et avec le public , impatient de savoir s'il y a ici des calomniateurs ou des fripons.

Nous accusera-t-on d'avoir pillé des caisses publiques ? Mais où est le comptable spolié qui nous a adressé des reproches ? Où est la caisse, où est le dépôt dans lesquels nous avons porté une main criminelle ?

Regardera-t-on comme un *vol fait à l'armée* les millions que nous avons reçus pour le compte du gouvernement ? c'est bien là le système de quelques personnes ; mais alors *c'est le gouvernement qui est le voleur* ; car c'est par ses ordres que nous avons reçu ; c'est par ses ordres que nous avons fait emploi.

Depuis la fin de brumaire , où quelques-uns de nos associés quittèrent publiquement l'Italie , pour venir se régler avec le ministre des finances , il s'est écoulé six mois. Dans cet intervalle , nous avons fait avec le gouvernement un nouveau traité, le 3 nivôse ; si ce tems n'a pas suffi pour acquérir les preuves de notre vol, ou le gouvernement ne

les

les aura jamais, ou il faut convenir que son insouciance, sur d'aussi grands intérêts de la République, est impardonnable.

Veut-on savoir enfin pourquoi tant de courroux dans cette fameuse lettre ? Le voici : le général avoit tiré sur notre maison de Gênes *pour six cent mille livres de lettres-de-change* : elle n'a pas voulu les payer, parce que nous n'étions ni ses banquiers, ni ceux de l'armée ; que nous n'avions aucun ordre de la trésorerie ; et, surtout, parce qu'étant déjà en avance de près de quatorze cent mille livres, nous étions sans fonds et nous ne pouvions faire ce nouveau sacrifice.

Voilà l'origine de l'étrange diffamation dont nous avons été l'objet ; voilà pourquoi le général a écrit, en style militaire, que nous emportions les millions, que la trésorerie avoit reçus : nous concevons comment ce général, qui ne pouvoit avoir qu'une idée très-superficielle de notre position avec la trésorerie, et qui, sachant que nous avions reçu des millions, les croyoit encore en nos mains, ait commis une telle erreur et l'ait exprimée avec emportement : mais ce qui nous étonne et doit exciter nos justes plaintes, c'est que le Directoire qui connoissoit cette erreur, ou qui avoit sous sa main tous les moyens de s'en convaincre, par son ministre des finances et la trésorerie, ait souffert qu'on lui donnât, dans ses journaux, une publicité meurtrière. Les auteurs de cette surprise croient-ils avoir ajouté à la gloire de Bonaparte, ou fait preuve de la prudence du Directoire ?

2°. Il importe de se former une idée juste de la nature de nos opérations ; car on s'abuseroit étrangement, si on croyoit qu'elles ont quelque chose de commun avec l'espèce de confusion qui suit les expéditions militaires, ou les abus qu'il est facile d'introduire dans les pays conquis. Jetez les yeux sur notre compte général ; vous verrez qu'il nous a été versé 14,248,665ˡ. 19ˢ. 8ᵈ. en dix-sept articles. Or, chacun de ces articles, sans exception, nous a été remis par un agent immédiat de la République française, qui, étant lui-même comptable, a constaté sa libération d'une manière authentique : nous n'avons eu avec les contribuables aucun rapport prochain ou éloigné ; nos traités étoient des conventions commerciales qui ne nous donnoient ni qualité, ni titre, ni pouvoir : aussi nous n'avons rien exigé, rien perçu, rien régi, rien administré ; nous n'étions autre chose qu'une maison de banque, où les autorités françaises, en Italie, se conformant au vœu du gouvernement, versoient les sommes superflues pour l'armée et qu'elles destinoient pour la trésorerie nationale : aussi toutes nos opérations sont-elles d'une extrême simplicité ; l'apparence même d'un abus, d'une dilapidation y a été impossible ; rien n'est entré dans nos mains que constaté avec précision et régularité, par un procès-verbal contradictoire, rédigé par des comptables et des autorités, qui voyoient notre mission avec une égale jalousie. Aussi on ne trouvera, dans notre compte, rien de vague ou d'équivoque, où puisse plonger le soupçon : une ligne profonde est tracée entre ce que nous avons fait et ce qui nous a précédé : nous pouvons défier les regards de la malveillance et la triste pénétration de l'envie.

Nous devons, d'ailleurs, pour rassurer les esprits qui n'aiment à former leur jugement que sur des impressions générales, circonscrire l'espace de tems où s'est renfermée notre mission. Notre traité n'a été signé à Paris que le 28 messidor ; il s'est écoulé près d'un mois avant que son exécution ait pu commencer. Or, à cette époque, la Lombardie étoit déjà conquise et régie par une agence militaire ; déjà une grande partie des contributions étoit consommée ; déjà Livourne étoit occupée par les Français, et la plupart des prises anglaises avoient disparu. Quand nous sommes arrivés en Italie, le siége de Mantoue se continuoit ; quand nous en sommes partis, il se continuoit encore. Pendant tout notre séjour, pendant toute la durée de nos opérations, l'armée n'a pas fait une seule conquête ; elle n'a pas présenté une seule de ces occasions où la malignité se plaît à soupçonner tous ceux qui ont alors quelque part aux affaires.

3°. Nous avons été privés de presque tous les avantages que nous laissoient espérer nos traités : au lieu de faire des versemens à des termes fixes, en numéraire, lingots et papiers à 60 jours de date, ainsi que cela avoit été stipulé, on a vu que le ministre des finances et la trésorerie avoient aussitôt exigé nos propres engagemens tous payables en numéraire.

Le premier ordre de choses nous assuroit une provision de 2 pour cent sur le papier que nous étions obligés de garantir, et de 5 pour cent sur le numéraire que nous devions verser à Huningue et à Paris.

Ces provisions étoient modiques, si on considère le nombre de commis à employer, les nouveaux établissemens à créer en Italie, outre nos maisons de commerce, et les voyages sans nombre des membres de la société pour la surveillance d'une opération aussi étendue.

Si on considère que les mouvemens de la guerre rendant les places de commerce en Europe très-vacillantes, la garantie d'une masse considérable de lettres-de-change étoit très-périlleuse.

Si on considère que, pour la partie des contributions à verser à Huningue et à Paris, la trésorerie devoit y recevoir, en écus de 6 liv., la même quantité de grains de fin qui nous auroit été remise en Italie, sans faire compte de la différence qui existe toujours dans le commerce, entre la matière et l'espèce, cette opération, utile à la République, et bien réfléchie avec le ministre des finances et les commissaires de la trésorerie, a été critiquée par quelques personnes qui n'avoient pas les premières notions des affaires de banque.

Mais comme les besoins du gouvernement n'ont permis de réaliser aucune de ces combinaisons, il ne faut plus envisager nos remboursemens à la trésorerie tels qu'ils avoient été convenus, mais tels qu'ils ont été exécutés.

Tous nos paiemens, pour la trésorerie, ont été faits à Gênes, et l'ont été en numéraire. D'après nos traités, la provision de 5 pour cent nous seroit due : mais comme ces paiemens n'exigeoient pas les mêmes opérations que les versemens à Huningue et Paris, nous nous bornons à la commission la plus modique, portée dans nos traités, celle de 2 pour cent qui nous est allouée sur le papier, et nous ne l'appliquons qu'à la recette. C'est moins qu'on accorderoit à des opérations semblables entre particuliers ; c'est moins que le gouvernement n'a alloué dans mille autres opérations qui n'avoient à éprouver ni les mêmes frais, ni les mêmes périls, ni les mêmes déplacemens.

Veut-on maintenant juger les services que nous avons rendus au gouvernement, dans le nouvel ordre de choses où l'avoit entraîné, malgré nos traités, l'urgence des besoins ? il suffit de savoir que, sur une recette de plus de quatorze millions, il ne nous a été compté que deux cent mille livres espèces : tout le reste a été versé, en lingots d'un très-bas titre : dans les hôtels de monnoie, en Italie, on n'a pas l'habitude d'affiner, et tout lingot d'un titre au-dessous de celui de l'espèce est d'une vente difficile dans le commerce : d'autre part, le précédent banquier de la République avoit disposé, dans Gênes, pour près de six millions de lingots ; tous les besoins étoient remplis : on connoissoit les engagemens immenses que nous avions livrés au gouvernement ; on savoit leurs échéances ; on savoit aussi que nous n'avions que des lingots pour payer, et tous les porteurs de nos lettres-de-change ne vouloient que des espèces, et des espèces de Gênes : nous étions sur le point de voir tomber ces lingots à 8 ou 10 pour cent, au moins, au-dessous du prix des monnoies : cette baisse paroissoit inévitable. Certainement, ce n'est pas sur nous qu'auroit porté la perte ; car ce n'est pas nous qui avions interverti l'ordre tracé dans nos traités. Dans cette position, quelle a été notre conduite ? Nous avons tellement concerté nos paiemens et les ventes de lingots, et fait usage si à propos de nos ressources personnelles et de notre crédit, que nous sommes parvenus à pouvoir, aujourd'hui, tenir compte à la trésorerie de toute cette masse énorme de lingots d'un bas titre, sur le taux du prix des monnoies : c'est ainsi que nous avons procuré au trésor public un bénéfice de plus d'un million, bénéfice aisé à démontrer au calculateur le plus superficiel : c'est ainsi que nous avons géré les affaires de la République : comme négocians, nous avons fait notre devoir ; comme citoyens français, nous désirons que tant de gens qui ont manié les deniers publics, en Italie, rendent aussi bien leur compte et le soumettent, comme nous, à la censure publique.

L'on a vu que nous étions autorisés à vendre les marchandises prises sur l'ennemi. Notre traité nous ouvroit toutes les voies du commerce libre. Les commissaires du gouvernement, près l'armée, demandèrent que ces prises fussent vendues à l'enchère : quelqu'avantageux pour la République que nous ayons su rendre ce dernier mode de vente, nous ne pouvons douter que nous n'eussions retiré, par le commerce, un produit plus considérable, et qu'ainsi notre prime, sur les bénéfices, a été grandement diminuée.

Enfin, on ne nous imputera pas d'avoir pu tirer quelqu'intérêt des versemens qui nous étoient faits; car la nature de ces valeurs les rendoit si lentement disponibles, et, d'un autre côté, la trésorerie obérée nous pressoit avec tant d'urgence, que nous avons été constamment en avance et obligés d'emprunter : c'est ce qu'il est aisé de vérifier, en comparant le tems où les valeurs remises ont été disponibles, d'après les procès-verbaux et les échéances des effets de la trésorerie, acquités par la Compagnie.

Par ces résultats, on reconnoîtra aisément que ces grandes opérations avec le gouvernement, qui déchaînent tant de jalousies et de passions, sont bien loin d'avoir les avantages que promet leur trompeuse apparence, et qu'il eût été, à tous égards, préférable pour notre association, d'avoir employé ses moyens dans des entreprises vulgaires, moins orageuses et plus utiles.

4°. Aux personnes qui desireront être plus particulièrement instruites des détails de nos opérations, nous dirons qu'un ordre sévère en a dirigé les moindres parties.

Nos mains n'ont rien reçu qu'auparavant un procès-verbal

n'en ait constaté l'identité, et que des experts respectivement nommés n'en aient fait l'estimation.

La pesée et l'estimation des lingots ont été faits dans les monnoies et par des officiers publics.

Nous n'avons voulu prendre aucune part à la fonte des matières ; elle a été opérée dans les monnoies, avec des formes rigoureuses, et sous les yeux d'agens spéciaux, délégués par le ministre Faypoult, ou par les commissaires.

Nous n'avons vendu, à la forme de nos traités et par la voie du commerce, qu'une très-modique quantité d'effets, qui avoient tous été auparavant inventoriés et estimés, et que nous n'avons délivrés qu'avec bénéfice pour la République : tout le surplus a été vendu par des officiers publics, à l'enchère, avec concours et bénéfice, et après une publication d'affiches dans la Suisse et l'Italie.

Enfin, la presque totalité des diamans et bijoux n'a jamais été à notre disposition : ces effets nous ont été remis enfermés et scellés, et ont été retirés de nos mains par le citoyen Faypoult, intacts, en nature, et de la même manière qu'ils y étoient entrés.

5°. La dépense est aussi simple et aussi incontestable que la recette : voyez notre compte à la fin du mémoire : elle est composée de 14 articles, et se monte à 15,602,205^l 14^s 6^d. Or, comme la recette n'est que de 14,248,665^l 19^s 8^d, il en résulte que nous sommes créanciers du gouvernement de 1,353,539 l. 14 s. 10 d.

Les articles de cette dépense sont justifiés d'une manière qui est au-dessus de toute controverse.

Ce sont d'abord des effets de commerce remis par nous à la trésorerie : les uns étoient des lettres-de-change à époque fixe sur notre maison de Gênes : jamais le paiement n'en a été retardé une minute : plusieurs fois même elles ont été acquitées par anticipation : ce n'est pas ainsi qu'en agissoit, avant nous, le banquier génois : les autres étoient des mandats à ordre, sans échéance déterminée, et payables en numéraire sur les contributions, sans notre engagement personnel : d'un côté, le ministre nous prescrivoit de payer les mandats livrés pour le service courant des armées ou des ports : l'ambassadeur Faypoult nous ordonnoit d'en payer d'autres sur-le-champ : enfin des porteurs invoquoient l'ordre des numéros. On ne sauroit imaginer combien de travaux nous avons fait pour hâter le remboursement de ces effets : nous sommes parvenus à en acquitter pour 4,090,086 l. 1 s. : mais un arrêté des commissaires du Directoire, en date du 15 brumaire, nous ayant enlevé les fonds destinés au remboursement du surplus de ces mandats, pour les appliquer aux besoins de l'armée, la trésorerie nationale y a suppléé, dans son traité du 3 nivôse, par des ordres sur les payeurs des départemens ; nous nous occupions de cette liquidation : déjà il ne restoit plus qu'environ 600,000 liv. de mandats à retirer, lorsque le gouvernement, par ses dernières poursuites contre nous, par les scellés, apposés sur nos comptoirs de Paris et de Gênes, a arrêté, dans nos mains, le recouvrement des nouvelles valeurs qu'il nous avoit remises pour acquitter ses engagemens.

Les articles de dépense se composent encore des sommes retirées de nos mains, par des ordres formels des commissaires du gouvernement, et enfin de celles appliquées aux ordonnances de fournitures : l'on a vu que la trésorerie n'avoit payé ni les 20,000 livres par jour, ni le solde convenu à la fin de chaque mois, par le traité du 30 pluviôse. La caisse militaire

militaire qui, aux termes du marché du 7 fructidor, devoit payer comptant les fournitures de l'armée active, avoit éprouvé la même impuissance : presque toutes nos fournitures étoient vérifiées et liquidées : les arrêtés de compte, les ordonnances du ministre de la guerre, et du commissaire-ordonnateur en chef, étoient inutilement en nos mains ; nos traités ne pouvoient pas être obligatoires que pour nous seuls. Il y avoit, à tous égards, une entière justice dans l'application, à nos créances, d'une partie du produit des contributions ; car enfin ces créances étoient la dette du gouvernement, et les termes du paiement étoient réglés avec lui : aussi cette application fut-elle littéralement reconnue et expressément stipulée dans l'article 3 du traité conclu, le 3 nivôse, entre le ministre des finances, la trésorerie nationale et notre Compagnie ; traité qui a définitivement réglé le mode de notre comptabilité, et dont il va être parlé avec plus de détail : C'est donc d'après des actes émanés du gouvernement, que nous portons à notre dépense les ordonnances et arrêtés de compte de la partie des fournitures, qui nous reste due.

6°. On voit que notre comptabilité extrêmement claire, se justifie avec facilité jusques dans ses dernières ramifications : mais il nous faudroit écrire des volumes, si nous voulions rendre compte de tous les obstacles à travers lesquels nous sommes arrivés à des résultats si précis.

Souvent les évènemens de la guerre et les précautions de la politique, nous faisoient recevoir l'ordre d'effectuer, avec autant de dépense que de périls, des déplacemens et des retours de matières, qui troubloient tous nos arrangemens.

Nous étions à la merci des autorités dont les habitudes étoient prises, dont les affections étoient décidées : comme il

E

n'existoit nul accord entre les résolutions du ministère et celles des commissaires du gouvernement, nous étions perpétuellement froissés entre les dispositions les plus bisarres et les plus contradictoires : entre une foule d'exemples, on en jugera par celui-ci : les commissaires nous avoient alloué, par un arrêté, à compte de nos fournitures, le prix des soies de Tortone, qui devoient être vendues à l'enchère : dans le même tems, le ministre des finances donnoit ordre, dans le cas où certains négocians, qu'il désignoit, en demeureroient adjudicataires, de recevoir d'eux, en paiement, des lettres-de-change sur Paris, au profit de la trésorerie. Le produit de ces soies fut, en définitif, enlevé par le pouvoir militaire, avec des baïonettes.

A ces incertitudes continuelles, il faut joindre les tracasseries sans nombre, que nous suscitoient, soit la foule d'envieux que la confiance du gouvernement avoit déchaînés contre nous, soit enfin tous ceux dont notre double mission de fournisseurs et de banquiers de la République, heurtoit les intérêts, les projets ou l'influence.

C'est pourtant au milieu de ces résistances de tout genre, que nous sommes parvenus, en trois mois, à mettre près de neuf millions effectifs dans les mains de la trésorerie nationale, et à en appliquer plus de cinq, à sa décharge, aux dépenses les plus urgentes de la guerre. Que le gouvernement compare ces résultats à ceux qu'il a obtenus avant nos opérations, et qu'il juge ce que nous aurions fait, si notre mission eût été moins tardive et moins contrariée.

Il étoit impossible de seconder, avec plus de succès, les opérations de la trésorerie : mais nos services à la chose publique étoient des crimes à certains yeux, qui regardoient presque comme des *vols*, chaque somme que la trésorerie nationale touchoit par notre entremise : telle fut l'origine des persécutions qui commencèrent à s'élever contre nous en Italie, à la fin de brumaire ; nous nous hâtâmes d'en instruire le Directoire. Voici dans quels termes nous lui en parlions, dans notre lettre du 5 frimaire.

« Nous apprenons, Citoyens Directeurs que, sous pré-
» texte d'une lettre du ministre des finances, on nous a
» enlevé, à main armée, le produit des soies de Tortone,
» et qu'on poursuit de la même manière celui des prises de
» Livourne : quoique la propriété de l'un et de l'autre nous
» fût assurée par un arrêté de votre commissaire, nous ap-
» prenons, qu'avec des procédés non moins atroces, on nous
» a enlevé les diamans et bijoux que nous tenions en vertu
» d'un traité formel : les formes de la comptabilité ont fait
» place aux emportemens de la haine ; et, tandis que la
» justice respire autour de vous, nous sommes en proie
» à des violences dont auroient rougi les visirs de l'ancien
» régime. »

Nous ajoutions, dans cette lettre, les résultats suivans de notre comptabilité :

1º. L'ombre d'une dilapidation a été impossible en nos mains ; nous n'avons pas reçu un denier qui ne soit constaté par un procès-verbal régulier.

2º. Les ventes dont nous étions chargés ont été faites aux enchères et par des officiers publics ; le produit, grace à nos soins, a de beaucoup surpassé les estimations.

3º. L'emploi a été aussi simple que la recette : ce sont ou des ordonnances, ou des engagemens livrés à la trésorerie : nos lettres-de-change n'ont jamais attendu leur paiement une minute après l'échéance.

4°. Notre Compagnie, loin d'être reliquataire, est créancière de sommes considérables : cette vérité est établie d'une manière simple, et par des titres incontestables.

Nous pûmes alors nous faire entendre : nos réclamations et notre état provisoire, en recette et dépense, furent fournis au ministre des finances ; il avoit reçu successivement, des commissaires près l'armée, les états du produit des contributions et de leur emploi ; la trésorerie avoit aussi reçu ces états de ses payeurs : ainsi les vérifications étoient aussi sures que faciles : on nous fit des objections ; nous produisîmes nos réponses : la discussion fut sérieuse, approfondie ; plus d'un mois s'écoula en conférences ; la dépense parut aussi claire que la recette, et il ne resta plus d'objection que sur la forme dans laquelle notre compte étoit présenté.

Enfin, après un examen aussi attentif, aussi prolongé, fut conclu le traité du 3 nivôse, dont il a déjà été parlé, et qui est produit sous le n°. 4, des pièces justificatives. Ce traité, composé de onze articles, traça la forme dans laquelle devoit être rendu notre compte général; redressa, avec équité, les griefs qui avoient excité nos plaintes ; détermina le remplacement des valeurs qui nous avoient été enlevées en Italie, sans droit et sans ordre ; prescrivit l'ordre et le mode dans lesquels nous devions être payés de nos créances : en un mot, ce traité, revêtu de tous les caractères d'une transaction, régla toutes les difficultés existantes, et ne laissa, pour l'avenir, rien d'incertain, rien d'équivoque sur la liquidation définitive de notre Compagnie avec le Gouvernement.

Mais, bien-tôt, lorsque nous nous reposions sur la foi de ce nouveau contrat, sans que l'état des choses eût en rien changé de notre part, sans raison comme sans motifs nouveaux, de la part du gouvernement; lorsque nous nous livrions sans réserve à la formation de notre compte définitif, et à la réunion des procès-verbaux encore épars dans nos maisons d'Italie ; lorsque le gouvernement venoit de reconnoître solennellement que, loin d'être débiteurs, nous étions créanciers ; que la forme de notre paiement étoit réglée par contrat ; et qu'enfin, il ne restoit plus loyalement autre chose à faire, de notre part, qu'à présenter notre dernier compte, et de celle du gouvernement, qu'à nous en payer le solde, une nouvelle persécution plus cruelle que la première, qui venoit d'être terminée, s'est sourdement tramée contre nous, et a tout-à-coup éclaté, sans que nous ayons été ni prévenus, ni entendus : mais elle doit cesser, ainsi que la première, aussitôt que l'on consentira à nous *juger*, et non pas à nous *opprimer* : le moment de l'impartialité sera celui de notre triomphe; et c'est à combattre les mesures illégales qui, jusqu'à ce jour, ont empêché de nous faire entendre, que nous consacrons les dernières pages de cet écrit.

QUELQUES OBSERVATIONS

Sur l'ordre donné par le Directoire exécutif, de nous arrêter et de nous traduire, en Italie, devant un conseil de guerre.

Nous ne rappelons point les circonstances odieuses qui ont amené ou accompagné des mesures déjà trop révoltantes ; et, puisque notre cause est devenue celle de tous les hommes, pour qui la sainteté des lois et le maintien de la liberté ne sont pas des chimères, nous oublierons notre injure particulière pour ne nous occuper que de celle faite aux principes.

1°. *La constitution a été violée, par l'ordre de nous arrêter, émané du Directoire.*

L'article 222 de la constitution, est conçu en ces termes : *Nul ne peut être saisi que pour être conduit devant l'officier de police, et nul ne peut être mis en arrestation, ou détenu, qu'en vertu d'un mandat-d'arrêt des officiers de police, ou du Directoire exécutif, dans le cas de l'article* 145.

Cet article 145, s'exprime ainsi : *Si le Directoire est informé qu'il se trame quelque conspiration contre la sûreté extérieure ou intérieure de l'état, il peut décerner des mandats-d'amener, ou des mandats-d'arrêt, contre ceux qui en sont présumés les auteurs ou les complices : il peut les interroger ; mais il est obligé, sous les peines portées contre le crime de détention arbitraire, de les renvoyer par-devant l'officier de police, dans le délai de deux jours, pour procéder suivant les lois.*

Or, nous ne sommes point prévenus de conspiration, et le Directoire a donné l'ordre de nous arrêter ! donc il a donné cet ordre hors du seul cas où il en avoit le droit ; donc il y a crime de détention arbitraire.

Qu'on ne dise pas qu'il s'agit ici d'exécution de lois militaires ; car le principe et la conséquence sont les mêmes ; seulement le danger de l'usurpation est plus grand.

Suivant la loi militaire, nous devions être saisis par ordre des chefs militaires ; cet ordre auroit dû nous être notifié au moment de l'arrestation : or, rien de pareil n'a eu lieu ; nous n'avons point été arrêtés en vertu d'un ordre émané des généraux de l'armée d'Italie, mais en vertu d'un ordre immédiat et spécial, émané du Directoire exécutif, par une extension de sa seule et propre autorité.

Mais le Directoire exécutif est une magistrature suprême essentiellement civile et gouvernante ; il n'a pu nous faire arrêter, sous quelque forme de poursuite ou même de discipline qu'on voudra, qu'en s'emparant d'un pouvoir militaire qui ne lui appartient pas plus que le pouvoir des tribunaux, dans les affaires ordinaires.

Dira-t-on qu'il n'a fait, en cette circonstance, que ce qu'auroient pu faire les chefs de l'armée, ou le conseil de guerre, sur la dénonciation portée contre nous ? Mais où est donc la loi qui autorise le Directoire à se mettre ainsi à la place des autorités militaires, et à s'ingérer dans des fonctions qui ne sont déléguées qu'à elles seules ? Le mandat-d'arrêt lancé contre nous, par le Directoire, est donc une usurpation entièrement subversive de notre système constitutionnel. C'est elle qui a jetté la république romaine sous le joug des empereurs ; c'est elle qui ruineroit bientôt notre liberté. Les fondateurs de la constitution ont jugé ce danger si imminent, qu'ils ont défendu, par l'art. 144, aux membres du Directoire, de commander la force armée, même pendant deux ans, après l'expiration de leurs fonctions.

2°. *La constitution a été violée par l'ordre émané du Directoire exécutif, de nous traduire en jugement devant un tribunal.*

L'article 202 de l'acte constitutionnel dit : *Les fonctions judiciaires ne peuvent être exercées ni par le corps législatif, ni par le pouvoir exécutif.*

L'acte par lequel on assigne à un prévenu le tribunal qui doit le juger, est un acte éminemment judiciaire. Il n'appartient qu'à l'officier de police, ou au directeur du jury de le renvoyer devant un tribunal militaire, ou devant tel autre, suivant la qualité des personnes, ou la qualité du délit. Voilà le principe constitutionnel. Aussi l'attribution donnée au Directoire, dans le seul cas de conspiration, est-elle formellement bornée à l'interrogatoire, après lequel il est obligé de renvoyer à l'officier de police. Sous quel prétexte, en vertu de quelle loi, le Directoire s'arrogeroit-il donc le droit inconstitutionnel de choisir lui-même des juges aux citoyens, de distribuer les prévenus à ses commissions militaires ?

Combien ce droit seroit redoutable, lorsqu'il s'agit d'enlever les citoyens à leurs juges naturels, et de les livrer à des tribunaux d'exception, affranchis des formes protectrices de l'innocence et de la liberté !

Mais combien ne devient-il pas plus effrayant, lorsqu'il s'agit de traîner des citoyens à deux cents lieues de leur patrie, pour les faire juger sur une terre étrangère, au milieu des cruelles injustices de la guerre, et loin de toutes les garanties de la loi et de l'opinion publique ! N'est-ce pas au moins un droit terrible de déportation, que le pouvoir exécutif pourroit exercer provisoirement, et sans obstacle, contre tous les citoyens, au gré des intérêts, ou des caprices d'un ministre ?

3º. *La constitution a été violée par l'ordre émané du Directoire exécutif, de nous traduire devant un conseil de guerre.*

L'article 204 de la constitution s'exprime en ces termes : *Nul ne peut être distrait des juges que la loi lui assigne, par aucune commission, ni par d'autres attributions que celles qui sont déterminées par une loi antérieure.*

Cet

Cet article de la constitution aura donc été violé, si aucune loi ne nous rendoit justiciables d'un conseil de guerre. Or, l'incompétence d'un conseil de guerre, pour nous juger, est une vérité qui a été portée à l'évidence.

Les preuves en sont développées, avec force et clarté, dans une consultation des jurisconsultes les plus célèbres, par leurs lumières et leur probité (1). Nous ne présenterons ici que quelques observations aussi sommaires que décisives.

Vous voulez nous traduire à un conseil de guerre, en vertu de la loi du 13 brumaire ! Que dit cette loi ?

Article IX. *Nul ne sera traduit au conseil de guerre que les militaires, les individus attachés à l'armée et à sa suite, les embaucheurs, les espions et les habitans du pays ennemi, occupé par les armées de la République, pour les délits dont la connoissance est attribuée aux conseils de guerre.*

On convient que nous ne sommes ni militaires, ni espions, ni embaucheurs, ni habitans du pays ennemi. Il faudroit donc que nous fussions *attachés à l'armée et à sa suite* : or, voyons à qui appartient cette qualité.

Article X. *Sont seuls réputés attachés à l'armée et à sa suite, et comme tels, justiciables des conseils de guerre :*

1°. *Les voituriers, charretiers, muletiers et conducteurs de charrois, employés aux transports de l'artillerie, bagages, vivres et fourrages de l'armée, dans les marches, camps et cantonnemens, et pour l'approvisionnement des places de siége.*

---

(1) Cette consultation, imprimée et publiée, a été délibérée et signée par les citoyens *Tronson-du-Coudray, Muraire, Portalis, Tronchet, Bellard, Rimbert, Blacque, Carbonnier, Ferey, Berryer, Goiral, Delacroix, Frainville,* et *Bonnet.*

F

2°. *Les couriers suivans l'armée.*

3°. *Les gardes-magasin d'artillerie, ceux des vivres et fourrages pour les distributions, soit aux camps, soit dans les cantonnemens, soit dans les places en état de siége.*

4°. *Tous les préposés aux administrations pour le service des troupes.*

5°. *Les secrétaires-commis et écrivains des administrateurs, et ceux des états-majors.*

6°. *Les agens de la trésorerie près les armées.*

7°. *Les commissaires des guerres.*

8°. *Les individus chargés de l'établissement et de la levée des requisitions, pour le service et approvisionnement des armées, et ceux préposés à la répartition et perception des contributions militaires.*

9°. *Les médecins, chirurgiens et infirmiers des hôpitaux militaires et ambulances, les aides ou élèves des chirurgiens desdits hôpitaux et ambulances.*

10°. *Les vivandiers, les munitionnaires et les boulangers de l'armée.*

11°. *Les domestiques au service des officiers et des employés à la suite de l'armée.*

Il est évident que, comme *fournisseurs* et comme *banquiers*, nous ne sommes point compris dans la nomenclature des justiciables du conseil de guerre. Le ministre de la justice l'a bien senti ; et, ne pouvant résister à ce qui est, il a pris le parti plus simple de supposer ce qui n'est pas.

Il a donc assuré, d'une part, que nous nous étions *immiscés dans la manutention et distribution des vivres* ; et, d'autre part, que nous avions été *chargés directement de la perception des contributions.*

Hé bien ! Ces deux assertions sont deux faussetés, et dans

le droit et dans le fait : les preuves en sont écrites et notoires.

Première fausseté prouvée dans le droit. Lisez nos marchés sur les fournitures. Nous nous engageons à fournir, dans les magasins de la République, une quantité déterminée de denrées, dont nous devons être payés sur le récépissé du garde-magasin. Voilà notre seul devoir et notre seul droit. Il n'y a là ni manutention, ni distribution.

Première fausseté prouvée dans le fait. La supposition du ministre de la justice étoit un mensonge si notoire, qu'il nous a été facile de l'en convaincre publiquement. Nous nous sommes adressés au chef de toutes les administrations de l'armée, sous la surveillance duquel se sont passées toutes nos opérations ; et voici l'attestation qu'il nous a donnée :

« Citoyens, j'ai reçu votre lettre du 15 ventôse. Vous
» m'y exposez qu'il vous importe de faire constater :

» 1°. Si vous avez jamais été chargés de la manutention
» ou de la distribution des fournitures à l'armée d'Italie.

» 2°. Si, n'en ayant jamais été chargés, il est vrai que vous
» vous y soyez immiscés.

3°. » En un mot, si vous avez été jamais, de *droit ou de*
» *fait*, manutentionnaires ou distributeurs de fournitures.

» Vous invoquez sur cela mon témoignage, comme ayant
» commencé et fini vos opérations à l'armée, pendant l'exer-
» cice de mes fonctions.

» Je n'hésite pas, citoyens, à répondre :

» Que vous n'avez *jamais été chargés*, pendant le cours de
» mon administration, *ni de la manutention, ni de la distribu-*
» *tion* des fournitures à l'armée d'Italie.

„ Que, n'en ayant pas été chargés, parce que vous n'étiez
„ NI AGENS NI EMPLOYÉS DE L'ARMÉE, il n'est jamais venu
„ à ma connoissance que vous vous soyez immiscés ni dans
„ la manutention, ni dans la distribution des fournitures ;
„ que, d'ailleurs, je ne l'aurois pas permis, puisqu'en cela
„ vous auriez excédé la mesure des engagemens du marché
„ que vous avez contracté le 7 fructidor, an 4°.

„ C'est bien volontiers, citoyens, que je rends hommage
„ à la vérité ; vous m'y trouverez disposé dans toutes les
„ circonstances.

„ Salut et fraternité.

„ *Signé* DENNIÉE. „

Seconde fausseté prouvée dans le droit. Le ministre de la justice a affirmé que nous étions *chargés de la levée directe des contributions* : s'il n'avoit pas lu notre traité, que penser de sa légèreté ? s'il l'avoit lu, que penser de sa bonne foi ? L'article III est conçu en ces termes : « Les contributions y seront reçues
„ des mains de qui de droit, par les citoyens Barthelemy
„ Peragallo et Payan, *sans que, ni ces derniers, ni les autres*
„ *maisons ci-dessus dénommées s'immiscent, en aucune manière, dans*
„ *la levée ou la répartition desdites contributions.* „

En effet, nous étions uniquement des banquiers traitant avec le gouvernement. La nature de nos opérations est clairement énoncée par les premiers mots du traité. *Il a été exposé, que les maisons de commerce susnommées ont proposé au gouvernement de se charger de la conversion et du versement, en France, des contributions de l'Italie.* Nous ne sommes point salariés, mais indemnisés par les primes et commissions usitées dans la banque et le commerce. Nous ne recevons rien pour l'armée, et ne lui payons rien. Nous ne comptons qu'en grains de fin, et ne nous libérons que par des opérations de banque. Enfin, nous ne traitons jamais que sous notre qualité de *maisons de commerce associées*.

Seconde fausseté prouvée dans le fait. Enfin, il ne peut plus y avoir d'équivoque sur l'usage de nos qualités et la nature de nos opérations, puisqu'on a sous les yeux notre compte général et ses pièces justificatives. Or, il est bien démontré que nous n'avons jamais levé ni perçu de contributions, que nous n'avons jamais eu de rapports d'aucune espèce avec les contribuables. Nous avons reçu, conformément à notre traité, dix-sept articles de différentes valeurs : or, tous nous ont été versés, pour le compte du gouvernement, par des autorités françaises, par les agens du gouvernement lui-même ; savoir : douze articles par les payeurs de la trésorerie ; un par le précédent banquier de la République et l'ambassadeur Faypoult ; un par la caisse centrale de la République française, établie à Milan par les commissaires du gouvernement, en exécution d'un arrêté du Directoire ; un par l'agence militaire française, préposée à l'administration de la Lombardie ; un par la monnoie de Paris, et un par le consul général de la République française en Toscane. Chacun de ces articles est justifié par un procès-verbal, qui constate la libération de ceux qui nous les ont versés, et qui nous en charge pour en faire l'emploi, en conformité de nos traités. Ainsi s'évanouit, sans retour, cette qualité de *percepteurs*, qu'on nous avoit méchamment supposée, pour nous immoler sans nous entendre.

Les deux faussetés qui ont motivé l'arrêté du Directoire étant ainsi confondues, il faut en revenir à la vérité. Comme *fournisseurs* et comme *banquiers*, nous ne sommes point dans la loi du 13 brumaire; et notre traduction devant un conseil de guerre, est une troisième violation de la constitution.

C'est bien aussi un oubli de la raison et de la justice : car, est-il rien de plus absurde que de soumettre à un conseil de guerre des opérations de banque et de commerce ? Autant vaudroit faire juger la retraite du Rhin par les commissaires de la comptabilité. Est-il rien de plus injuste que de faire juger par des militaires, dans la dépendance du pouvoir exécutif, une affaire où le gouvernement est lié par des intérêts civils, où il deviendroit ainsi accusateur, juge et partie, et où il pourroit nous payer par une proscription ?

Mais quand on a vu combien notre comptabilité est régulière, combien toute notre conduite a été probe et irréprochable, on sent qu'on n'a, pour nous perdre, que des moyens illégaux et tyranniques : nous sommes cependant loin d'attribuer l'emploi qu'on en fait contre nous à la malveillance du gouvernement. Nous sommes victimes d'un concours étrange de circonstances. Tandis qu'une persécution violente s'appesantit sur nous, les autorités qui ont été témoins de notre conduite, et qui devroient en être les juges, se réunissent pour rendre hommage à notre innocence.

Le ministre de la guerre, qui a fait nos marchés et qui a une connoissance très-étendue de nos travaux, n'a pris aucune part aux mesures dirigées contre nous. Tous ses rapports au Directoire sont à la décharge de notre Compagnie.

L'ordonnateur général de l'armée d'Italie, homme universellement estimé pour ses lumières et sa probité, qui a suivi plus particulièrement tous les détails de nos opérations, nous rend hautement justice dans tous ses rapports.

Le consul général en Toscane, qui a présidé avec une infatigable vigilance à toutes nos opérations de Livourne, n'a pu s'empêcher de nous écrire en les terminant : ,, Je me ferai ,, un devoir d'informer le gouvernement de l'activité et de ,, l'exactitude que vous avez apportées dans l'exécution de ,, ses ordres. ,,

Le ministre des finances a reconnu combien notre comptabilité étoit franche et irréprochable, et combien les tracasseries qu'on nous suscitoit, étoient injustes. Le traité qu'il a passé avec nous, le 3 nivôse dernier, ne laisse aucun doute sur son opinion.

La trésorerie nationale, témoin de notre exactitude, de notre fidélité dans nos engagemens, du succès avec lequel nous avons établi le crédit français en Italie, ne nous a jamais donné que des témoignages de sa satisfaction ; elle est bien éloignée de partager contre nous des préventions que la méchanceté ou l'ignorance peuvent seules accréditer.

Les pouvoirs militaires, en Italie, ne paroissent pas avoir une autre opinion. Ils ont découvert la vérité à travers les calomnies auxquelles nous sommes en proie. Ils ont aussitôt renvoyé absous les complices de nos délits imaginaires et impossibles.

Le Directoire exécutif, en nous opprimant, obéit à regret à une inflence que tout le monde apperçoit. Aussi n'a-t-il précisé contre nous aucun fait, ni caractérisé aucun délit. Il paroît fatigué de notre innocence, et se montre bien plus jaloux de nous éloigner, que de nous juger.

Enfin, *le général Bonaparte*, lui-même, a émis sur notre compte une opinion qui n'est évidemment pas la sienne. La fable des six millions emportés témoigne assez qu'il est livré à des suggestions perfides. Mais la chaleur avec laquelle il nous a poursuivis, se tournera bientôt contre nos ennemis, lorsque la vérité les lui aura fait connoître dans toute leur turpitude.

C'est ainsi, qu'en dernière analyse, la tempête élevée contre nous est l'ouvrage de quelques intrigans méprisables, dont les accusations seroient certainement pour nous un témoignage honorable, s'ils osoient les proférer eux-mêmes; et, cependant, depuis trois mois, on porte la désolation dans plusieurs familles; des négocians sont poursuivis, dépouillés, fugitifs; leurs comptoirs sont scellés, leurs propriétés ravagées; une plus longue indifférence, pour des maux si réels et si peu mérités, blesseroit la justice du Directoire exécutif, et feroit peut-être douter de son indépendance.

Signé CHRISTOPHE FLACHAT, LAPORTE *et* CASTELIN.

BARTHELEMY PERAGALLO *et* PAYAN, *tant pour nous, que pour la maison de Marseille*, SABIN PERAGALLO *et Compagnie.*

GEOFFROY, REBUFAT *et Compagnie, de Livourne.*

COMPTE

COMPTE GÉNÉRAL
EN RECETTE ET DÉPENSE,
APPUYÉ
DE PIÈCES JUSTIFICATIVES,

Que rendent à la Trésorerie nationale les maisons de Commerce associées, Christophe Flachat, Laporte *et* Castelin, de Paris; Sarin Peragallo et Ce, de Marseille; Barthelemy Peragallo et Payan, de Gênes; Geoffroy Rebufat et Ce, de Livourne; *de toutes les opérations faites par lesdites maisons, en exécution des traités signés entre elles, le Ministre des Finances et la Trésorerie nationale, le 19 Messidor de l'an IV, le 28 du même mois, et le 3 Nivôse de l'an V.*

RECETTE.

N^{er} 1.

Quarante-cinq caisses de lingots, retirées par la maison Barthelemy Peragallo et Payan, des mains de Balby, précédent banquier de la République française à Gênes, à la forme d'un procès-verbal du 17 thermidor dernier, fait sous la surveillance du citoyen Faypoult, ministre plénipotentiaire à Gênes.

Produit desdites 45 caisses de lingots, suivant la facture de vente . . . . 2,345,785^l 1^s 4^d

Commission à 2 pour ⅔ stipulée par l'article 10 du traité du 19 messidor . . . 46,915^l 14^s ⎫
Frais d'essai et de pesée suivant le compte et les quittances . . . 4,047^l 7^s 2^d ⎬ 50,963^l 1^s 2^d
 ⎭

Produit net . . . . 2,294,822^l ,, 2^d

A

Cet article est justifié par les pièces suivantes : procès-verbal de remise du 17 thermidor ; facture de vente ; certificat du prix des matières d'or et d'argent à Gênes ; certificat de l'essai des lingots ; 4 quittances de frais ; en tout 8 pièces, portées au n°. premier des pièces justificatives de la recette.

N°. 2. Trente-trois caisses ou ballots de lingots retirés par la maison Barthelemy Peragallo et Payan, le 3 fructidor, des mains du payeur divisionnaire de la trésorerie, à Tortone, à la forme d'un procès-verbal et de l'état y annexé.

Produit des lingots, suivant la facture de vente 895,131¹ 9ˢ 6ᵈ
Commission à 2 p. %   17,902¹ 12ˢ 6ᵈ
Frais d'essai, pesée, escorte, transport, etc. suivant le compte et quittances.   4,646¹ 16ˢ 4ᵈ
} 22,549¹ 8ˢ 10ᵈ

PRODUIT NET. . . . . 872,582¹ ,, 8ᵈ.

Ces lingots étoient évalués à 995,676 l. 17 s. 6 d. par le procès-verbal de remise : mais cette estimation n'étoit qu'apparente, et leur véritable valeur se trouve dans le produit de la vente. Voici les causes de la différence entre l'une et l'autre :

1°. La différence qui existe entre le titre de la monnoie de Gênes et celui de la monnoie de Milan, suivant le certificat des essayeurs, rapporté au n°. 1ᵉʳ.

2°. De ces 33 caisses de lingots, 25 provenoient de la monnoie de Milan, et étoient évaluées 516,576 l. 17 s. sur le pied de 7 l. 11 s. de Milan pour 6 l. de France : mais cette base étoit abusive et lésoit la république, attendu que l'écu de 6 l. de France étoit universellement échangé pour 7 l. 15 s. de Milan. Les commissaires du gouvernement réformèrent cet abus et fixèrent le change à 7 l. 15 s. : ils ordonnèrent en conséquence de cette mesure, par un arrêté particulier, en date du 13 fructidor, qu'il nous seroit tenu compte de cette différence sur ce que nous avions reçu du payeur de Tortone.

3º. Les 8 autres caisses de lingots provenoient de Bologne. Le payeur divisionnaire de Tortone avoit soumis les lingots de cette origine à des calculs très-erronnés. Quelques parties prenantes s'en étoient apperçu, et le payeur général avoit, d'après leurs plaintes, vérifié et réparé cette inexactitude. Le payeur général nous en prévint par sa lettre du 5 brumaire, et il procéda le 11 du même mois, en présence du contrôleur de la trésorerie, à la rectification qui nous concernoit. Il en résulta que, ces lingots qui nous avoient été comptés pour 479,100 l. ne devoient l'être que pour 396,416 l., valeur réelle et pour laquelle ils avoient été reçus à Bologne, par les agens de la république.

Cet article est justifié par le procès-verbal du 3 fructidor et l'état y annexé; la facture de vente; la lettre du payeur général, du 5 brumaire; le procès-verbal de rectification du 11; l'arrêté des commissaires du 13 fructidor, et deux quittances de frais; en tout 7 pièces, formant le nº. 2.

3. Neuf caisses de lingots retirées des mains du payeur divisionnaire de la trésorerie, à Tortone, suivant procès-verbal du 8 fructidor: ces lingots venus de Bologne, et d'abord faussement évalués à 488,450 l., ont été reconnus, par le procès-verbal de rectification du 11 brumaire, rapporté en l'article ci-dessus, être de la valeur de 427,583 l. 14 s 5 d., somme pour laquelle ils avoient été reçus à Bologne, par les agens de la république, ci . . . . . . 427,583^l 14^s 5^d

Commission
à 2 p.⅔   8,551^l 12^s
Frais de transport de Gênes à   9,955^l 12^s
Milan, escorte,
etc., suivant le
compte . . . . 1,404^l

PRODUIT NET . . . . 417,628^l 2^s 5^d

Cet article est justifié par le procès-verbal de rectification rapporté au n°. 2, et par le procès-verbal du 8 fructidor, et le compte de produit desdits lingots, formant le n°. 3.

N°. 4.   Cinquante-deux caisses lingots d'argent et 4 caisses lingots d'or, remises à la compagnie, par le payeur divisionnaire de Tortone, en présence du contrôleur, suivant procès-verbal du 25 fructidor.

Ces 56 caisses de lingots avoient été évaluées à Bologne, par procès-verbal, lors de leur réception, par les agens de la république, et la compagnie a consenti à les accepter sur le même pied, savoir. . . . . 5,029,189^l 1^s

Commission à 2 p. $\frac{e}{o}$ 100,583^l 15^s ⎫
Frais de transport à   ⎪
Gênes et Milan, escor-   104,255^l 5^s
tes, etc., suivant le   ⎪
compte . . . . 3,671^l 10^s ⎭

PRODUIT NET . . . . 4,924,933^l 19^s

Cet article est justifié par le procès-verbal du 25 fructidor, la copie de celui fait à Bologne, un compte de frais et deux quittances; en tout 5 pièces, formant le n°. 4.

N°. 5.   Quatre-vingt-treize balles de soie, remises à la compagnie, par le payeur de la trésorerie à Tortone, et estimées, par procès-verbal du 29 vendémiaire, an V, en exécution de l'arrêté des commissaires du gouvernement, du 7 du même mois : lesdites soies ont été vendues aux enchères publiques, par procès-verbal du 1er. frimaire suivant ; et une partie du prix de la vente a été enlevée pour les besoins de l'armée, par procès-verbal du surlendemain 3 frimaire.

PRODUIT des soies, suivant la facture de vente, ... 395,222^l 5^s 6^d

       Ci-contre . . . 395,222ˡ 5ˢ 6ᵈ
Commission à 2
pour ⅖ . . . . 6,385ˡ 1ˢ ⎫
Frais, suivant le
compte, et prime sur
les bénéfices, d'après   ⎬ 24,501ˡ 16ˢ 2ᵈ
le traité avec la tré-
sorerie du 28 mes-
sidor . . . . 18,116 15 2ᵈ ⎭
  Produit net 370,720ˡ 9ˢ 6ᵈ
  Cet article est justifié par les procès-verbaux des 29 vendémiaire, 1ᵉʳ. frimaire, 3 dudit; arrêté du 7 vendémiaire ; facture de vente ; compte de frais, formant le n°. 5 des pièces justificatives.

N°. 6. Une malle d'argenterie remise à la compagnie par le payeur de la trésorerie nationale à Milan, suivant le procès-verbal de pesée, reconnoissance et essai, des 19 et 24 vendémiaire, montant à . . 20,868ˡ 12ˢ
Commission à 2 pour ⅖ 417ˡ 8ˢ
  Produit net 20,451ˡ 14ˢ
  Cet article est justifié par la lettre du payeur, du 10 vendémiaire, et les procès-verbaux des 19 et 24 du même mois, rapportés sous le n°. 6.

N°. 7. Le payeur de la trésorerie nationale à Milan, a remis à la compagnie, suivant le procès-verbal du 5ᵉ. jour complémentaire, des billets et assignats de Piémont, formant la valeur nominale de 334,651 l. 10 s., et des pièces de cuivre argentées pour semblable valeur de 29,750 l. Ces deux objets, formant un total de 364,401 l. 10 s., ont produit au change, en livres tournois 230,633ˡ 17ˢ 2ᵈ
Courtage de l'échange à Turin
et frais de banq. 2,306ˡ 6ˢ 8ᵈ ⎫
 Commission   ⎬ 6,919ˡ ,, 8ᵈ
à 2 pour ⅖ . . 4,612ˡ 14ˢ ⎭
  Produit net 223,714ˡ 16ˢ 6ᵈ
  Le procès-verbal du 5ᵉ. jour complémentaire formera le n°. 7 des pièces justificatives.

N°. 8.   Espèces remises à la compagnie, par le payeur de la trésorerie, à Tortone, suivant procès-verbal du 6 fructidor, an 4ᵉ, pour la somme de 200,000ˡ

| Commission à 2 p. ⅔ | 4000ˡ | |
| Frais de transport et voyage, et retour du chargé du pouvoir de Milan à Tortone . . | 450ˡ | 4,450ˡ |

PRODUIT NET 195,550ˡ

Le procès-verbal de remise du 8 fructidor, forme le n°. 8 des pièces justificatives.

N°. 9.   La caisse centrale, établie à Milan par les commissaires du gouvernement, pour la République, a remis en lingots, à la compagnie, suivant sa quittance, la somme de 400,000ˡ
Commission à 2 pour ⅔ 8,000

PRODUIT NET. 392,000ˡ

La compagnie est uniquement chargée de cet objet par la quittance qu'elle en a donnée au citoyen Ceriani, receveur de la caisse centrale, et qui a dû rester entre ses mains.

N°. 10.   La compagnie étoit chargée par l'art. 3 de son traité du 28 messidor, de faire la vente des prises. Les commissaires en prenant possession de la Lombardie, avoient établi, pour le gouvernement du pays conquis des administrateurs français, sous le nom d'agence militaire. Cette agence nous remit à Milan, d'après procès-verbal estimatif, quelques effets et marchandises d'une modique valeur. Une partie en fut vendue par la compagnie, par la voie du commerce, à la forme de ses traités. L'état de cette vente qui se trouve en ce moment sous nos scellés, présente une recette de 4,645ˡ 3ˢ 2ᵈ

En exécution d'un arrêté des commissaires du gouvernement, du 13 fructidor, il fut procédé à une nouvelle estimation des effets invendus, et la vente de la majeure partie s'en fit aux enchères publiques, par procès-verbal des 2, 3 et 4ᵉ jours complémentaires, pour la somme de. 22,336ˡ 5ˢ 1ᵈ

PRODUIT total des ventes   26,981ˡ 8ˢ 3ᵈ

Commission à
2 p.⅔   539ˡ 12ˢ   ⎫
Frais d'esti-   ⎬ 1,283ˡ 6ˢ
mation, enchè-   ⎪
re et vente . .   783ˡ   ⎭

PRODUIT NET 24,698ˡ 4ˢ 9ᵈ

Quelques effets ne purent être vendus aux enchères parce que l'estimation en avoit été portée trop haut par les experts. Les commissaires ordonnèrent, par un arrêté du 16 brumaire, qu'ils seroient de nouveau mis aux enchères et adjugés au plus offrant. Ces effets, dont l'estimation s'élève à 10,210 livres, monnoie de Milan, sont encore dans les magasins de la Compagnie, à Milan.

Cet article est justifié par les procès-verbaux des 13 fuctidor, 2ᵉ jour complémentaire et jours suivans, et par les arrêtés des 13 fructidor et 16 brumaire, formant ensemble le nº. 10.

Nº. 11. Quatre-vingt-deux caisses remises à la Compagnie par le payeur de la trésorerie, à Tortone, en présence du contrôleur des dépenses, lesquelles formoient, savoir: 67 caisses de vaisselle et débris d'argenterie d'église, 6 caisses de lingots, 3 caisses de marchandises et 6 caisses de bijoux.

Reconnoissance et pesée à Gênes, en présence du contrôleur, de toutes les caisses, argenterie et lingots, suivant procès-verbal du 17 fructidor et jours suivans.

Transport, de Gênes à Milan, de 64 caisses argenterie, par ordre du ministre plénipotentiaire Faypoult, suivant procès-verbal des 10, 12 et 13 vendémiaire, dressé par Lombardy, commissaire délégué à cet effet, par le citoyen Faypoult.

Reconnoissance, pesée, fonte, essai et déclaration de valeur desdites 64 caisses argenterie, constatés à la monnoie de Milan, par procès-verbal commencé le 30 vendémiaire, et clos le 24 brumaire.

PRODUIT desdites 64 caisses. . 2,925,434^l 18^s

Frais, suivant le premier compte. . . . . . 9,288^l 13^s
Frais suivant le 2e. . 16,250
Commission à 2 p.$\frac{2}{8}$. 58,508 14^s } 84,047^l 7^s

PRODUIT NET . . . . 2,841,387^l 11^s

Cet article est justifié par les procès-verbaux des 17 fructidor, 10 vendémiaire, 30 vendémiaire; deux comptes et huit quittances, formant le n°. 11.

N°. 12. Il s'étoit trouvé, dans les 64 caisses argenterie ci-dessus, deux ostensoirs et deux soupières qui, ayant une valeur de main-d'œuvre indépendante de la matière, ne furent point compris dans la fonte. En conséquence, la remise à la compagnie, et l'estimation, en furent faites par procès-verbal du 22 brumaire, et la vente qui s'en fit à Gênes, aux enchères publiques, par procès-verbal du 19 pluviôse, produisit la somme de . . . . 14,623^l 18^s 10^d

Commission à
2 p.$\frac{2}{8}$ 161^l 2^s 6^d } 1,239^l 10^s 6^d
Frais et prime
sur les bénéfices 1,078^l 8^s

PRODUIT NET . . . . 13,384^l 7^s 4^d

Cet article est justifié par les procès-verbaux des 22 brumaire, 19 pluviôse, le compte de vente, quatre quittances, formant ensemble le n°. 12.

N°. 13. Sept caisses de bijoux, dont 5 ayant les n°^{s} 66, 68, 69, 20 et 21 faisoient partie des 82 caisses portées ci-dessus en l'art. 11, et les deux autres caisses ont
été

été remises à la compagnie, par le payeur de la trésorerie à Tortone ; savoir, l'une au n°. 83, par procès-verbal du 2 fructidor, et l'autre au n°. 84, par procès-verbal du 12 thermidor.

Lesdites 7 caisses ont été estimées à Gênes; savoir, les cinq premiers n°s. par procès-verbal du citoyen Lombardy, commissaire du ministre Faypoult, commencé le 5 vendémiaire et clos le
4 frimaire, à . . . .   280,809 l

Le n°. 83 a été estimé, par procès-verbal des 15 et 18 fructidor, en présence du citoyen Viltard, secrétaire de légation, à   52,273 l 16 s

Le n°. 84, estimé par procès-verbal du 16 thermidor, en présence de Poussielgue, premier secrétaire de légation à . . . . .   285,969 l 14 s

TOTAL DES ESTIMATIONS . .   619,052 l 10 s

Ces diverses estimations desdites sept caisses ont été récapitulées et réduites en livres tournois, dans la séance du 4 frimaire, du procès-verbal de Lombardy, et font en monnoie de France
la somme totale de . . . .   523,142 l 14 s 6 d

Commission à
2 p. ⅜   10,463 l
Frais d'esti-   12,930 l 12 s
mation . . . . 2,467 l 12 s

PRODUIT NET . . . .   510,212 l 2 s 6 d

Cet article est justifié par les procès-verbaux des 2, 15, 18 fructidor, 5 vendémiaire, et quatre quittances de frais des experts et commissaires du ministre Faypoult, formant ensemble le n°. 13. La sortie de ces 7 caisses sera justifiée au chapitre de la dépense.

°.14. Douze caisses provenant des 82 mentionnées en l'art. 11, et contenant ; 1°., 6 caisses de lingots reconnus, pesés et essayés à Gênes, par le procès-verbal de Lombardy, rapporté en l'art. 13, commencé le 5 vendémiaire aux séances des 7 et 12 brumaire.

2°. Trois caisses, n°s 22, 60 et 67, contenant argenterie et vermeil, le tout reconnu, pesé et essayé, suivant le même procès-verbal, aux séances du 30 vendémiaire, 3, 6, 28, 29 brumaire et 1er frimaire.

3°. Trois caisses marchandises, reconnues et estimées, dans la séance du 28 vendémiaire dudit procès-verbal; lesdites marchandises vendues à Gênes, aux enchères publiques, suivant le procès-verbal du 19 pluviôse, rapporté ci-dessus en l'article 12.

PRODUIT desdits lingots, argenterie, marchandises, suivant la facture de vente   108,069¹ 14ˢ 1ᵈ

Commission à
2 p. ⅔   2,161¹ 6ˢ }   2,829¹ 6ˢ
Frais   668¹

PRODUIT NET 105,240¹ 8ˢ 1ᵈ

Cet article est justifié par les procès-verbaux y mentionnés et ci-dessus rapportés, ainsi que par la facture de vente, la lettre du citoyen Faypoult, du 3 ventôse, et la quittance des protecteurs de Saint-George, à Gênes, en date du 9 du même mois, formant le n°. 14.

N°. 15. Vente par la voie du commerce, en exécution de l'art 3. de notre traité du 29 messidor, 1°. d'une partie de bijoux; 2°. de deux lingots d'or et un doré; lesdits objets faisant partie des trois caisses reçues à Tortone, par procès-verbal du 12 thermidor, estimés et vérifiés dans celui du 16 du même mois, et les estimations récapitulées dans la séance du 17 vendémiaire du procès-verbal de Lombardy, rapporté au n°. 13. Autre vente d'une partie de montres, aux enchères publiques, suivant procès-verbal du 15 pluviôse.

PRODUIT de ces divers objets, suivant la facture de vente. 103,520¹ 5ˢ 7ᵈ

$$\begin{array}{r}\textit{Ci-contre}\ldots\ 103{,}520^{\text{l}}\ 5^{\text{s}}\ 7^{\text{d}}\end{array}$$

Commission à
2 p. ⅖   2,070ˡ 8ˢ ⎫
Frais   1,240ˡ 18ˢ ⎬ 3,311ˡ 6ˢ
                           ⎭

PRODUIT NET. 100,212ˡ 2ˢ 6ᵈ

Cet article est justifié par les précédens procès-verbaux, par celui du 15 pluviôse, facture de vente, deux quittances de frais, formant le n°. 15.

N°.16. Remise faite à la compagnie, par la monnoie de Paris, de vaisselle, bijoux et diamans pour 360,000 l. suivant un premier procès-verbal, étant sous nos scellés. Ladite remise faite en exécution du traité conclu le 30 pluviôse, an 4ᵉ, avec le ministre des finances, et à imputer sur les fournitures de grains.   360,000ˡ

La compagnie a passé quittance à la trésorerie, en déduction des anciennes ordonnances du ministre de la guerre, de tous les autres effets qu'elle a reçus, soit à Paris, soit à Versailles, d'après le traité du 30 pluviôse, ainsi qu'il est établi par la déclaration du citoyen Legros, vérificateur de la trésorerie, en date du 28 vendémiaire, et produite au n°. 13 de la dépense.

La compagnie se réserve en outre d'établir, lors du règlement de compte, qu'elle doit déduire sur lesd. 360,000 l., la valeur de quelques effets qui en faisoient partie, et qui lui ont été volés, avec effraction, dans ses bureaux, et que ce droit résulte des clauses de ses traités et de la condamnation prononcée contre les voleurs desdits effets, par jugement du tribunal criminel du département de la Seine.

La compagnie se réserve aussi, aux termes de ses traités, de retirer les frais d'estimation des effets qu'elle a reçus, tant à Paris qu'à Versailles, dont elle a fait l'avance, et dont les quittances sont sous le scellé.

N°.17. La compagnie a rendu un compte particulier, appuyé de pièces jutificatives, de ses opérations à Livourne, et du produit des prises anglaises, qui lui ont été remises pour en faire la vente. Il en résulte que la compagnie a reçu 583,489 l. 2 s., à la déduction de 499 l. 6 s. 10 d., piastres de huit réaux, qui équivalent à 2461 l. 9 deniers tournois, pour un supplément de marchandises retirées de ses mains, en nature, par le consul général de la république. Ainsi, la compagnie se charge, en recette, pour le produit des prises de Livourne, de . . . 581,128ˡ 1ˢ 3ᵈ

Cet article est justifié par toutes les pièces et procès-verbaux fomant le premier cahier des opérations de la compagnie, et qui sera joint ici sous le n°. 17 et dernier des pièces justificatives de la recette.

TOTAL DE LA RECETTE 14,248,665ˡ 19ˢ 8ᵈ

DÉPENSE.

PREMIÈRE PARTIE.

Sommes appliquées aux dispositions de la Trésorerie Nationale.

N°. 1ᵉʳ Intervention pour la trésorerie nationale à trois lettres-de-change, tirées par Declerck, fils, sur Balby, et payées à Gênes, par Barthelemy Peragallo et Payan, suivant l'état porté au n°. 1ᵉʳ des pièces justificatives de la dépense, ci 81,436ˡ 12ˢ 9ᵈ

N° 2. Lettre de crédit de 300,000 l., du 29 messidor dernier, donnée au citoyen Faypoult, envoyé extraordinaire de la république, à Gênes, par les citoyens Flachat, Laporte et Castelin, sur la maison Barthelemy Peragallo et Payan, à la demande de la trésorerie nationale, et payée, par ladite maison, au citoyen Faypoult, le 8 vendémiaire suivant ; ladite lettre et la quittance formant le n°. 2 des pièces justificatives, ci 300,000ˡ

N°. 3. Soixante-un mandats, tirés en faveur de la trésorerie nationale, par Flachat, Laporte et Castelin, à l'ordre de Declerck fils, sur Barthelemy Peragallo et Payan, et payables sur le produit des contributions, sans engagement personnel. L'état de ces mandats acquittés par la compagnie, et formant le n°. 3 des pièces justificatives, se monte à . . . . 4,090,086^l 1^s

Il avoit été remis à la trésorerie nationale 78 mandats; il en restoit 17 à payer, montant à 958,433^l 17^s 4^d. La compagnie avoit reçu, pour leur acquit, des sommes suffisantes qui lui ont été enlevées militairement, contre le texte de ses traités, pour les besoins de l'armée. Le ministre des finances et la trésorerie nationale avoient, par le traité du 3 nivôse, remis à la compagnie de nouvelles valeurs en remplacement, pour retirer ces derniers mandats. Mais les scellés et autres exécutions illégales du gouvernement contre la compagnie, ayant arrêté le recouvrement de ces valeurs, le paiement du reste des mandats n'est plus à la charge de la compagnie, tant que le gouvernement retient les valeurs remises pour leur solde.

N°. 4. Soixante-seize lettres-de-change, tirées en faveur de la trésorerie nationale, par Flachat, Laporte et Castelin, à l'ordre de Declerk, fils, sur Barthelemy Peragallo et Payan. L'état des traites acquittées porté au n°. 4, s'élève à . . . . 2,734,331^l 16^s

N°. 5. Intérêts pour les sommes empruntées à Gênes, par Barthelemy Peragallo et Payan, de divers banquiers, pour payer les effets de la trésorerie nationale, attendu qu'à leur échéance, les lingots ou matières d'argent reçues étoient insuffisantes, ou que la fonte, essai et reconnoissance des titres n'étoient point exécutés. L'état, certifié par les agens de change, et formant le n°. 5, s'élève à . . . . 19,409^l 14^s 4^d

N°. 6. Ordonnance du 16 vendémiaire, an 4e., des comités de salut public et des finances, en faveur du citoyen Payan, de la somme de 316,334 l. et autorisation de paiement adressée par le ministre des finances, à la trésorerie nationale, le 9 thermidor suivant. Lesdites ordonnance et autorisation sont au n°. 6 des pièces justificatives, ci . . . .   316,334 l

N°. 7.   Différence de 25,597 l. 18 s. 8 d. dans le paiement d'une ordonnance du ministre de la guerre, de 99,941 l., expédiée par la trésorerie nationale, sur le payeur de l'armée ; arrêté des commissaires du gouvernement, ordonnant le paiement de ladite différence. Ledit arrêté et deux déclarations du payeur de l'armée sont au n°. 7 des pièces justificatives, ci . . . .   25,597 l 18 s 8 d

N°. 8.   Ordre du citoyen Faypoult, de payer à Bertrand, à la décharge de la trésorerie nationale, la somme de 1500 l ; payé de plus, à Botary, essayeur de la monnoie de Gênes, la somme de 2109 l. 5 s., pour achat relatif à la fonte des matières d'argent. L'ordre du citoyen Faypoult, en date du 2 frimaire et les deux quittances, forment le n°. 8, ci . . . .   3,609 l 5 s 10 d

N°. 9.   Sept caisses de bijoux et diamans estimées à la somme de 523,142 l. 14 s. 6 d., suivant le procès-verbal du 5 vendémiaire et jours suivans, rédigé par le citoyen Lombardy, commissaire du ministre de la république, et rapporté au n°. 13 des pièces justificatives de la recette. Ces sept caisses, scellées et en nature, ont été retirées par le ministre plénipotentiaire Faypoult, suivant procès-verbal du 5 frimaire, ainsi qu'une huitième caisse où étoit renfermé un groupe en argent et vermeil, représentant l'enlèvement de Déjanire par le centaure Nessus, et destiné au museum des arts. Le tableau d'estimation desdits bijoux et diamans, et le procès-verbal de décharge sont au n°. 9 des pièces justificatives, ci.   523,142 l 14 s 6 d

N°. 10.   Frais des couriers pour l'Italie, et retour, avancés par la compagnie, et à la charge de la trésorerie nationale, en exécution des articles des traités des 19 et 28 messidor et 3 nivôse, ainsi que des arrêtés et lettres des commissaires du gouvernement et autres autorités : les pièces qui justifient cet article de dépense sont sous les scellés, ci. . . . .   35,750 l

SECONDE PARTIE.

Sommes retirées des mains de la Compagnie, par arrêtés des commissaires du gouvernement, et par ordre du citoyen Faypoult, ou appliquées aux ordonnances pour fournitures faites à l'armée, en conformité de l'art. 3 du traité du 3 nivôse.

N°. 11. Bordereau de paiement et quittance de 200,000 l. payées par Barthelemy Peragallo et Payan, au cit. Moreti, sur le produit des soies de Tortone, en exécution des arrêtés des commissaires du gouvernement, du 2 frimaire, et d'une lettre du citoyen Faypoult, du 5 du même mois, prescrivant le mode d'exécution de l'arrêté. Lesdites lettre, bordereau et quittance forment le n°. 11, ci. . . . . . 200,000 l

N°. 12. Cinq ordres de paiement, montant ensemble à 210,000 livres, délivrés par l'ordonnateur général de l'armée d'Italie, sur Flachat, Laporte et Castelin, en exécution d'un arrêté des commissaires, du 5 brumaire, portant suspension, à concurrence de 700,000 l. du paiement des mandats livrés par la trésorerie, pour ladite somme être appliquée aux besoins de l'armée, et en exécution pareillement de la lettre du même ordonnateur général, établissant la distribution desdites 700,000 l. L'arrêté, la lettre, et les cinq mandats acquittés sont au n°. 12, ci . . . 210,000 l

N°. 13. Ordre donné le 8 vendémiaire à la compagnie, par les commissaires du gouvernement, de verser dans la caisse du payeur de l'armée, la somme de 300,000 l. sur le produit de la vente des prises de Livourne et quittance de ladite somme par le payeur divisionnaire de Livourne, ci. . . . . . 300,000 l

L'ordre et la quittance forment le n°. 7 du premier cahier des pièces justificatives des opérations de la compagnie, qui est rapporté au n°. 17 des pièces justificatives de la recette du présent compte.

N°. 14. Ordonnances de fournitures, dont le montant ci-après doit être compensé avec la recette, en exécution des articles 2 et 3 du traité conclu le 3 nivôse dernier, entre le ministre des finances, les commissaires de la trésorerie et la compagnie.

1°. Ordonnances du ministre de la guerre pour versemens de grains faits sur les côtes de la Méditerranée, depuis Coulioure jusqu'à Voltri.

Solde de l'ordonnance du ministre de la guerre, du 23 floréal, de 1,305,579 l. 17 s., montant, suivant la reconnoissance du cit. Legros, vérificateur en chef de la trésorerie, en date du 28 vendémiaire, à . . . . 598,067^l 2^s 2^d

Autre ordonn^{ce}. de 101,011 l. mentionnée dans la lettre d'avis adressée à la compagnie par le ministre de la guerre, le 12 thermidor dernier, ... 101,011

Nota. Le compte de fournitures, qui fut réglé à cette époque, par le ministre de la guerre, étoit de 434,345 l. Mais il en fut défalqué 333,333 l. 6 s. 8 d. pour le tiers de l'ordonnance du million d'anticipation qui avoit été remise dans le principe à la compagnie, en exécution de son marché. La compagnie n'a donc plus que 666,666 l. 13 s. 4 d. d'anticipation comprise dans ses ordonnances. Elle parlera bientôt de ce solde d'anticipation.

Autre ordonnance du ministre de la guerre, du 24 frimaire, et lettre d'avis du 21 du même mois. Ladite ordonnance de . . . . . 2,193,370^l

Règlement du dernier compte de 671,000 l. appuyé de toutes les pièces comptables, vérifié dans les bureaux du ministre de la guerre, présenté à la signature pour l'ordonnance, et suspendu sous le prétexe de la dénonciation contre la compagnie, ci . . . . . 671,000^l

} 3,563,448^l 2^s 2^d

Il reste encore à régler les derniers versemens dont il sera parlé ci-après :

2°. Ordonnances du commissaire ordonnateur en chef à l'armée, d'Italie pour fournitures en grains et liquides à l'armée active et dans les places de réserve.

Ordonnance du 5 brumaire, de 951,908 l. 11 s. par le commissaire ordonnateur en chef, précédée de la vérification et arrêté de compte de l'agent en chef des vivres, ci 951,908ˡ 11ˢ

Autre ordonnance du commissaire ordonnateur en chef, en date du 2 frimaire, précédée de la vérification et arrêté de compte de l'agent en chef des vivres ci . . . 1,283,722 11

Arrêté et vérification de compte de l'agent en chef des vivres, du 1ᵉʳ. pluviôse, et règlement de l'ordonnateur en chef, du 5 du même mois, ci 801,456 16

Autre arrêté et vérification d'un compte par ledit agent en chef, à la date du 10 nivôse, ci 161,672 15

3,199,058ˡ 13ˢ

Il reste encore à faire régler plusieurs récépissés de fournitures à l'armée active.

Les trois ordonnances du ministre de la guerre, les ordonnances, arrêtés et règlemens de l'agent en chef des vivres, et du commissaire ordonnateur en chef, forment le n°. 13 et dernier des pièces justificatives de la dépense.

Nota. Aux termes de l'art. XIX du traité conclu le 13 pluviôse avec le ministre de la guerre, le million porté dans l'ordonnance d'anticipation devoit être imputé sur les dernières fournitures. On a vu que déjà la compagnie en avoit tenu compte d'un tiers. Les fournitures faites par la compagnie sur les côtes de la Méditerranée ne sont point toutes comprises dans le dernier compte de 671,000 l. réglé chez le ministre. Depuis lors il a déjà été remis de nouveaux récépissés, et il en reste encore un grand nombre à produire ; car, peu de jours avant les arrestations exercées contre les membres de la compagnie, celle-ci faisoit effectuer des versemens de grains dans les magasins de la République. Le compte qui en sera produit incessamment, excédera les deux tiers restans de l'anticipation, d'environ 250,000 l. dont la compagnie restera encore créancière du gouvernement, outre la créance établie par le présent compte.

TOTAL de la dépense 15,602,205ˡ 14ˢ 6ᵈ

TOTAL de la recette. 14,248,665ˡ 19ˢ 8ᵈ

Excédent de la dépense sur la recette, dont la compagnie reste créancière du gouvernement, outre le montant des fournitures dont le règlement n'est pas encore fait, ci. 1,353,539ˡ 14ˢ 10ᵈ

Certifié sincère, ce 24 germinal, an 5 de la République.
Signé CHRISTOPHE FLACHAT, LAPORTE et CASTELIN.
BARTHELEMY PERAGALLO et PAYAN, tant pour nous que pour la maison de Marseille, SABIN PERAGALLO et Compagnie.
GEOFFROY REBUFAT et Compagnie, de Livourne.

NOTA On trouvera dans le tableau suivant un résumé général de ce compte qui en fera saisir, en un seul coup d'œil, tous les résultats.

Ce compte et le résumé ci-joint, ainsi que toutes les pièces justificatives y énoncées, tant à la recette qu'à la dépense, ont été signifiés à la trésorerie nationale, au nom de la compagnie.

Résumé de compte général, ou *Tableau de toutes les valeurs reçues*
de Commerce associées, Christophe Flachat, Laporte *et* Castelin;
Rebufat *et* C.ᵉ; *chaque article, tant à la recette qu'à la dépense,*

		₶	*s*	*d*
AVOIR.	1°. Quarante-cinq caisses de lingots, remises par Balby, précédent banquier de la République, ci	2,294,822	//	2
	2°. Trente-trois caisses ou ballots de lingots, remis par le payeur de la trésorerie à Tortone, ci	872,582	//	8
	3°. Neuf caisses de lingots *id.*, ci	417,628	2	5
	4°. Cinquante-deux caisses lingots d'argent, et 4 de lingots d'or, *id.*, ci . .	4,924,953	19	//
	5°. Quatre-vingt-quinze balles de soie, remises par le payeur de la trésorerie, à Tortone, et vendues aux enchères publiques, ci	370,720	9	6
	6°. Une malle argenterie, remise par le payeur de la trésorerie, à Milan, ci.	20,451	14	//
	7°. Billets ou assignats de Piémont, et pièces de cuivre argentées, remises par le payeur de la trésorerie, à Milan, ci	223,714	16	6
	8°. Espèces remises par le payeur, à Tortone, ci.	195,550	//	//
	9°. Lingots remis par la caisse centrale de la République, à Milan, ci. .	592,000	//	//
	10°. Effets et marchandises vendues à Milan, ci.	24,698	4	9
	11°. Argenterie et vaisselle battue, remise à Tortone, par le payeur de la trésorerie, ci.	2,841,587	11	//
	12°. Vente de deux ostensoires et deux soupières, ci	13,584	7	4
	13°. Sept caisses bijoux, remises par le payeur de la trésorerie, ci. . . .	510,212	2	6
	14°. Douze caisses de lingots *id.*, ci.	103,240	8	1
	15°. Vente de bijoux et lingots, ci.	100,212	2	6
	16°. Vaisselle, bijoux et diamans, remis sur estimation, par la monnoie de Paris, ci.	560,000	//	//
	17°. Prises de Livourne, remises par le consul de la République, et vendues aux enchères, ci.	581,128	1	3
	Total de l'avoir. . . .	14,248,665	19	8

…loyées pour le compte de la République française, par les Maisons …n Peragallo et C.ᵉ; Barthelemy Peragallo et Payan; Geofroy …appuyé de pièces justificatives.

		₶	s	d
1°.	Intervention à trois lettres-de-change de la trésorerie sur Balby, ci..	81,436	12	9
2°.	Lettre de crédit acquittée au citoyen Faypoult, ci.	300,000	″	″
3°.	Soixante-un mandats remis à la trésorerie et acquittés, ci.	4,090,086	1	″
4°.	Soixante-seize lettres-de-change, remises à la trésorerie, et quittancées,	2,734,331	16	
5°.	Intérêts pour avance de sommes empruntées, ci.	19,409	14	4
6°.	Paiement d'une ordonnance à Payan, autorisé par le ministre des finances, ci.	316,354	″	″
7°.	Solde d'une différence ordonnée par arrêté des commissaires du gouvernement, ci.	25,597	18	8
8°.	Payé pour la trésorerie, par ordre du citoyen Faypoult, ci.	3,609	5	″
9°.	Sept caisses bijoux et diamans, retirés en nature par le cit. Faypoult, ci.	523,142	14	6
10°.	Avances de frais de couriers à la charge de la trésorerie, ci. . . .	55,750	″	″
11°.	Payé à Moreti, par arrêté des commissaires, ci.	200,000	″	″
12°.	Payé sur les ordres de l'ordonnateur, en vertu d'un arrêté des commissaires, ci.	210,000	″	″
13°.	Compté au payeur de l'armée à Livourne, sur l'ordre des commissaires.	500,000	″	″
14°.	1°. Ordonnances et règlemens du ministre de la guerre, pour fournitures sur les côtes de la Méditerranée, ci.	3,563,448	19	2
	2°. Ordonnances, arrêtés, règlemens de compte par l'agent en chef des vivres, et l'ordonnateur général, pour fournitures à l'armée active, ci	3,199,058	13	
	Total du débit. . .	15,602,205	14	6
	Total de l'avoir . . .	14,248,665	19	8
	Excédent dont le gouvernement reste débiteur envers la compagnie, outre les fournitures dont le règlement n'est pas encore fait	1,353,539	14	10

Certifié sincère, ce 24 germinal, an 5 de la République.

Signé CHRISTOPHE FLACHAT, LAPORTE et CASTELIN.
BARTHELEMY PERAGALLO et PAYAN, tant pour nous que pour la maison de Marseille, SABIN PERAGALLO et Compagnie.
GEOFFROY REBUFAT et Compagnie, de Livourne.

PIÈCES JUSTIFICATIVES.

N°. Ier.

Extrait de la lettre écrite au Commissaire-ordonnateur en chef de l'armée d'Italie, par la Compagnie FLACHAT, LAPORTE et CASTELIN, en date du 22 vendémiaire, an 5.

Il est un objet important sur lequel nous demandons que vous preniez les mesures les plus actives et les plus vigoureuses.

Sur notre déclaration au général en chef, que nous avions versé depuis notre nouveau traité, environ 50 à 60,000 quintaux de grains, il nous a répondu que l'armée active ne vivant qu'au jour le jour, la plus grande partie de nos fournitures devoient être simulées.

Notre Compagnie ne peut rester une minute chargée de ce soupçon. Si l'accusation étoit portée par un homme ordinaire, notre réputation seroit notre réponse ; mais, dès qu'il s'agit de l'opinion du général en chef, ce sont des preuves qu'il faut lui opposer, et ces preuves nous ne pouvons les tenir que de vous.

Dès le moment que nous avons été chargés des fournitures, nous avons commencé nos versemens par le derrière de l'armée, en nous étendant graduellement sur les places d'Alexandrie, Tortone, Coni et Ceva ; et c'est sur ces places qu'ont porté nos plus forts versemens en grains. Nous approvisionnons maintenant les places de la Lombardie, et nous avons versé fort peu du côté de Vérone et Brescia, et nous allions nous en occuper.

Veuillez ordonner qu'à l'instant les quantités des grains qui ont été versés par nous, dans les quatre places du Piémont, soient constatées ; ordonnez la même mesure pour vérifier l'état des fournitures, que nous vous avons remis hier, et qui est relatif aux places de la Lombardie. Cet examen fait, vous voudrez bien nous donner la déclaration du résultat de vos recherches. Si vous nous refusez, citoyen commissaire, cette vérification, nous sommes obligés de quitter le service ; nous n'achetons pas des affaires aux dépens de notre honneur, et nous ne conserverons jamais celles qui feroient naître entre nous l'idée de soupçons, si on ne nous donne pas tous les moyens nécessaires pour les détruire en un instant.

Signé, CHRISTOPHE FLACHAT et Cᵉ.

ARMÉE D'ITALIE.

DIVISION DU PIÉMONT.

Sub.ces MILITAIRES.

VIVRES.
EXERCICE 5e. ANNÉE.

N°. II.

PLACE D'ALEXANDRIE.

Procès - verbal des quantités et qualités des grains, légumes secs, et liquides, versés depuis le 7 fructidor, an 4, jusqu'au 10 brumaire, an 5, par les citoyens FLACHAT, LAPORTE et CASTELIN, fournisseurs généraux des armées du Midi.

L'AN cinquième de la République française, une et indivisible, et le dixième jour du mois de brumaire, je soussigné, commissaire des guerres, employé près l'armée d'Italie, et chargé du service de la place d'Alexandrie, en conséquence de l'ordre à moi donné par le citoyen Denniée, commissaire général près cette armée, à l'effet de constater les quantités et qualités des grains, riz, légumes secs, et liquides, versés dans les magasins de la citadelle d'Alexandrie, par les soins des citoyens Flachat, Laporte et Castelin, fournisseurs généraux des armées du Midi, depuis le sept du mois de fructidor, an 4, jusqu'à ce jour; à cet effet, me suis transporté, avec le citoyen Marty, garde-magasin de cette place, et accompagné des nommés Perpetto Guasco et Joseph-Antonio Vinschios, mesureurs jurés de cette ville, experts par moi nommés, dans les magasins de ladite citadelle ; et là , après avoir fait prêter auxdits Guasco et Vinschios le serment usité en pareil cas, les ai requis d'apprécier les qualités, de 1°. la quantité (d'après les récépissés des différens versemens particuliers), de vingt mille deux cent un quintaux soixante et seize livres de blé froment qu'ils ont déclaré, après leur examen des différentes piles, être de bonne qualité, de recette et marchand.

2°. De cent seize quintaux soixante et onze livres de riz, et neuf quintaux cinquante-six livres de haricots, qu'ils ont eux-mêmes déclaré être de qualité recevable.

3°. De quinze quintaux soixante et quatre livres de sel déclaré bon.

4°. De quatorze cent cinquante-huit pintes de vin, et de quinze cent treize pintes de vinaigre qui ont été reconnues bonnes; et, conformément à l'ordre à moi donné par le citoyen Denniée, commissaire général, j'ai pris les échantillons de chacun des monceaux de blé, desquels j'ai formé un paquet, duement ficelé et scellé de mon cachet, ainsi que de celui du garde-magasin Marty (dont les empreintes ci-bas) lequel a signé le présent avec moi ; du tout quoi ai dressé le présent procès-verbal, pour servir et valoir ce que de raison. Fait à Alexandrie, les jour, mois et an que dessus, en quatre expéditions.

Signés, le commissaire des guerres, RAFFAT, et MARTY.

N°. III.

TRAITÉ entre les Commissaires de la trésorerie nationale, d'une part, et les Maisons de commerce associées de Christophe Flachat, Laporte et Castelin, *de Paris ;* Sabin Peragallo et Compagnie, *de Marseille ;* Barthelemy Peragallo *et* Payan, *de Gênes ;* Geoffroy Rebufat *et* Compagnie, *de Livourne, représentées, aux termes de leur société, par les Citoyens* Christophe Flachat, Laporte et Castelin, *négocians, demeurant à Paris, boulevart Montmartre, N°. 545, d'autre part.*

IL a été exposé, 1°. que les maisons de commerce susnommées ont proposé au gouvernement de se charger de la conversion et du versement, en France, des contributions de l'Italie, sur un plan qui, en permettant de les appliquer avec économie et rapidité sur tous les points de la République, et aux divers besoins de la trésorerie nationale, donneroit à ce produit des victoires françaises toute l'utilité dont il est susceptible.

2°. Que le Directoire exécutif a approuvé les bases de ce plan et fait connoître les modifications qu'il convenoit d'y apporter, ainsi que le ministre des finances en a instruit la trésorerie nationale, par sa lettre du 17 de ce mois.

3°. Que la trésorerie nationale ayant demandé le lendemain, au ministre des finances, un éclaircissement sur un passage de sadite lettre, elle en a reçu, le même jour, une note explicative.

Sur quoi les commissaires de la trésorerie nationale, considérant que rien ne s'oppose à ce que les intentions du Directoire exécutif soient promptement remplies, et que, d'ailleurs, il est instant de mettre à exécution un plan qui, outre les avantages dont on a parlé, a celui de faire entrer, en peu de tems, une grande masse de numéraire dans l'intérieur de la République, et d'y rétablir les changes par les moyens doux et vivifians du commerce, sans concentrer ses opérations sur la place de Paris, et sans y produire ni secousse ni engorgement.

Ayant vu de nouveau les bases proposées au gouvernement par la Compagnie susnommée, la lettre et la note du ministre des finances, des 17 et 18 de ce mois, énonciatives de l'approbation du Directoire exécutif et des modifications à apporter au plan dont il s'agit, et voulant seconder de tous leurs efforts les intentions du gouvernement, ils ont, en conséquence desdites lettre et note du ministre des finances, fait et arrêté avec les citoyens Christophe Flachat, Laporte et Castelin, aux noms et qualités qu'ils agissent :

Article premier.

Les maisons de commerce Christophe Flachat, Laporte et Castelin, de Paris ; Sabin Peragallo et Compagnie, de Marseille ; Barthelemy Peragallo et Payan, de Gênes ; Geoffroy Rebufat et Compagnie, de Livourne, seront seules et solidairement dépositaires des contributions levées en Italie, par les armées de la République, sauf les exceptions qui seront ci-dessus exprimées en l'article XI.

II.

Les contributions seront versées dans une ville qui sera désignée par le général en chef ou par les commissaires du gouvernement auprès de l'armée : Tortone est provisoirement indiquée, sauf l'approbation du général ou des commissaires.

III.

Les contributions y seront reçues des mains de qui de droit, par les citoyens Barthelemy Peragallo et Payan, sans que, ni ces derniers, ni les autres maisons ci-dessus dénommées, s'immiscent en aucune manière dans la levée ou la répartition desdites contributions.

IV.

Il sera fourni aux frais du gouvernement dans Tortone, ou autre ville qui seroit désignée, un bâtiment et une garde suffisante pour le dépôt. Le général en chef et les commissaires près l'armée sont invités à donner, à cet effet, les ordres nécessaires. Tous les autres frais, postérieurs aux versemens, seront à la charge de la Compagnie dépositaire.

V.

Il sera fait, lors du versement, une division exacte des monnoies, non seulement à raison de chaque espèce, mais encore à raison des époques de la fabrication, lorsqu'il en résultera dans la même espèce une différence de titre.

VI.

Toutes ces monnoies seront comptées et non pesées, et l'on ne comprendra point dans le compte les pièces qui, par une trop forte altération, seroient hors de cours par leur valeur légale.

VII.

La Compagnie ne sera chargée, envers la trésorerie nationale, que de la quantité de grains de fin existant réellement dans chaque pièce, et elle en tiendra compte sur le pied de 53 liv. 9 sous 2 den. tournois par marc d'argent pur, ou de 3 sous 9 den. tournois par grain de fin, prix de la monnoie : la différence qui pourroit se trouver entre cette valeur intrinsèque et la valeur légale des pièces, est abandonnée à la Compagnie, sans répétition de part ni d'autre.

VIII.

Un mois, préfix, après la signature du procès-verbal de versement dans la ville du dépôt, la Compagnie se libérera, dans les mains de la trésorerie nationale, de la quantité de grains de fin qu'elle aura reçu, sur le pied énoncé dans l'article précédent, de la manière et dans les valeurs suivantes.

Elle comptera un quart de ladite valeur à Huningue, en écus de six livres, et un second quart à Paris, soit en écus de six livres, soit en lingots, au choix de la trésorerie nationale.

Elle fournira, pour les deux autres quarts, du papier sur l'étranger ; et notamment sur Hambourg et Amsterdam, à soixante jours de date au plus. Ce papier sera garanti par la Compagnie, et remis par elle à la trésorerie nationale.

IX.

La trésorerie nationale recevra les écus de six livres sur le pied de six livres tournois, les lingots sur le pied de 53 liv. 9 sous 2 den. $\frac{114}{961}$ tournois par marc d'argent pur, prix de la monnoie de Paris, et le papier, sur le pied de la valeur réelle des espèces dans lesquelles il sera tiré, sur les lieux et villes de paiement des traites, sans égard aux variations des changes.

X.

Pour indemniser la Compagnie des frais, pertes et périls qu'elle doit essuyer, soit en garantissant le papier qu'elle fournira, soit en se procurant les écus et les lingots qu'elle doit compter à Huningue et à Paris, il lui sera, outre l'abandon de l'excédent de valeur légale, exprimé en l'article VII, alloué, sur la totalité des contributions qu'elle recevra, la provision suivante qu'elle se retiendra à fur et mesure des versemens ; savoir : cinq pour cent sur la partie des contributions dont elle doit se libérer en écus ou lingots à Huningue et à Paris, et deux pour cent sur celle dont elle doit se libérer en papier sur l'étranger.

X I.

Sont exceptées des dispositions des articles précédens, et notamment de l'article premier, les monnoies d'or, les monnoies françaises, les sommes en monnoies étrangères qui seront jugées nécessaires aux dépenses des armées françaises en Italie, et celles que le gouvernement voudra faire venir directement; le surplus des contributions de l'Italie, après le prélèvement de ces quatre objets, étant seul compris dans les présentes conventions.

Ainsi convenu et signé le 19 messidor, l'an IV de la République, en neuf doubles, dont l'un pour le ministre des finances, l'autre pour le ministre plénipotentiaire de la République à Gênes, le troisième pour le général en chef de l'armée d'Italie, le quatrième pour les commissaires du gouvernement près ladite armée, le cinquième restera au pouvoir de la trésorerie nationale, et les quatre derniers à celui des quatre maisons contractantes : les doubles destinés au ministre plénipotentiaire de la République à Gênes, au général en chef de l'armée d'Italie, et aux commissaires du gouvernement près ladite armée, seront portés par un courier extraordinaire.

Signé, les commissaires de la trésorerie nationale, DECLERCK, GOMBAULT, LEMONIER, DESREZ.
Signé CHRISTOPHE FLACHAT, LAPORTE et CASTELIN.

ARTICLES D'AMPLIATION

Au traité conclu le 19 de ce mois, entre la Trésorerie nationale et la Compagnie CHRISTOPHE FLACHAT, LAPORTE et CASTELIN, et formant, avec ledit traité, un seul et même acte.

ARTICLE PREMIER.

Tous les bijoux, diamans, effets et marchandises faisant partie des contributions de l'Italie et des prises sur l'ennemi, seront remis, sans délai, par tous les dépositaires et sur le vu du présent traité, aux maisons de commerce Barthelemy Peragallo et Payan à Gênes; Geoffroi Rebufat et Compagnie à Livourne, faisant partie de la Compagnie Christophe Flachat, Laporte et Castelin de Paris, à l'exception des effets ou marchandises que les commissaires du gouvernement auprès de l'armée jugeront à propos d'en distraire pour les besoins de l'armée, pour le service de la marine, ou pour envoyer directement en France.

I I.

Il en sera pareillement distrait les objets reconnus utiles pour les sciences et les arts, ainsi que ceux qui, sous un petit volume, auroient une grande valeur, tels que les diamans d'un prix extraordinaire. Tous les effets non réservés seront estimés par des experts respectivement choisis par la République et la Compagnie. La distraction dont il s'agit en cet article, ainsi que la nomination des experts de la République, seront faites par les commissaires du gouvernement auprès de l'armée, ou par les ministres diplomatiques de la République, selon que la situation des dépôts le requerra pour la plus grande célérité de l'opération.

I I I.

La Compagnie vendra ces effets, pour le compte de la République, le plus promptement et aux meilleures conditions possibles. Toutes les ventes se feront au comptant et ne pourront jamais être d'un prix inférieur à l'estimation.

I V.

Il sera accordé à la Compagnie une commission de deux pour cent sur le prix d'estimation de tous les objets qu'elle vendra.

Il lui sera tenu compte des frais d'emmagasinage des marchandises et effets volumineux, ainsi que des frais de transport de ceux qu'elle jugera à propos d'expédier pour en trouver un débit plus avantageux. La Compagnie sera responsable de l'avarie des effets ainsi transportés, et percevra en conséquence une indemnité d'un pour cent sur le prix de leur estimation, outre la commission déjà mentionnée.

V.

Pour exciter le zèle de la Compagnie et l'intéresser au succès de ces ventes, il lui sera accordé une prime, lorsque le produit des ventes excédera le prix de l'estimation et les frais accessoires. Cette prime sera d'un sixième dudit excédent, lorsque la vente sera effectuée dans les trois mois qui suivront la remise des effets entre les mains de la Compagnie, et d'un septième, lorsque la vente n'aura lieu qu'après les trois mois. L'ouverture de cette prime ne changera rien à la commission et à l'indemnité exprimée par l'article précédent.

V I.

La Compagnie comptera, à fur et mesure des ventes, du produit revenant à la République. Elle se libérera dudit produit entre les mains de la trésorerie nationale, de la manière qui a été réglée par le traité du 19 de ce mois, soit pour les échéances, les lieux de paiement, la nature des valeurs et la quotité des provisions, tout comme si le produit desdites ventes étoit directement versé entre les mains de la Compagnie par les agens du gouvernement, à l'instar des monnoies provenant des contributions.

VII.

Moyennant les dispositions ci-dessus, et après la remise qui sera faite, sans délai, à la Compagnie, par M. Balbi, banquier à Gênes, de la caisse de diamans et bijoux déposés chez lui, la Compagnie s'engage de payer les traites tirées par la trésorerie nationale sur M. Balbi depuis le 8 messidor courant, et formant ensemble la somme de quatre cent quarante-huit mille cinq cent trente-trois livres, onze sous, cinq deniers, à condition d'en percevoir le remboursement, ainsi que des intérêts à cinq pour cent, s'il y a lieu, sur les premiers deniers qui proviendront des ventes que la Compagnie est chargée de faire par les présentes conventions, ou sur les premiers versemens des contributions.

VIII.

Il est convenu que l'exécution des présens articles sera indépendante de tous les autres traités que la Compagnie auroit faits avec le gouvernement, et sans qu'à raison de ses fournitures, aucune compensation puisse s'opérer de droit entre ses mains sur le montant des contributions ou le produit des ventes; et, lorsqu'il sera remis à la Compagnie des sommes sur l'Italie, elle continuera, comme par le passé, à les recevoir au pair, sans provision.

Ainsi convenu et signé à Paris, le 28 messidor de l'an IVe. de la République française, en neuf doubles, pour être remis de la même manière que le traité du 19 de ce mois, dont les présens articles sont indivisibles : les doubles destinés au ministre plénipotentiaire de la République à Gênes, au général en chef de l'armée d'Italie, et aux commissaires du gouvernement près ladite armée, seront portés par un courier extraordinaire.

Approuvé pour les articles qui concernent les attributions de la trésorerie nationale, et sauf l'approbation du ministre des finances, pour ceux qui le concernent,

Les commissaires de la trésorerie,

Signé, DECLERK, DESREZ, GOMBAULT, et LEMONIER.

Signé, CHRISTOPHE FLACHAT, LAPORTE et CASTELIN.

Vu et approuvé. *Le ministre des finances. Signé*, D. V. RAMEL.

No. IV.

N°. IV.

Entre les Commissaires de la Trésorerie nationale, et sous l'approbation du Ministre des Finances, en ce qui le concerne ;

Et la Compagnie Christophe Flachat, Laporte *et* Castelin, *de Paris ;* Sabin Peragallo *et Compagnie, de Marseille ;* Barthelemy Peragallo *et* Payan, *de Gênes ;* Geoffroy Rebufat *et Compagnie, de Livourne, représentée, aux termes de l'association, par les citoyens* Christophe Flachat, Laporte *et* Castelin ;

Il a été fait les conventions suivantes :

Article premier.

Attendu que les besoins de l'armée d'Italie absorbent le produit des contributions, et qu'il convient en conséquence d'en attribuer le recouvrement au payeur de ladite armée, le traité conclu le 19 messidor dernier, entre la trésorerie nationale et la Compagnie, ainsi que les articles ampliatifs signés le 28 du même mois, sont, du consentement commun des parties, purement et simplement résiliés à compter de ce jour.

II.

La Compagnie rendra à la trésorerie nationale le compte général et définitif de sa gestion, en deux chapitres de recette et de dépense ; elle portera, dans la première partie de la dépense seulement, les articles payés pour la trésorerie ; elle établira le solde de cette manière, et expliquera ensuite comment ce solde a été employé aux besoins de l'armée par l'application à ses ordonnances.

III.

Ce solde ou excédent de la recette sur la dépense sera laissé en totalité à la Compagnie, et appliqué exclusivement et par compensation au paiement de ses fournitures faites ; savoir, d'abord aux ordonnances délivrées jusqu'à ce jour par le ministre de la guerre, et ensuite aux ordonnances délivrées par l'ordonnateur en chef de l'armée d'Italie : ce qui restera dû pour solde des ordonnances de cette dernière espèce sera acquitté, sans délai, par le payeur de l'armée d'Italie, à l'effet de quoi la trésorerie délivrera, sur le payeur de ladite armée, les ordres de paiement nécessaires.

IV.

La Compagnie donne la main-levée de la saisie qu'elle a fait faire des bijoux et diamans déposés entre les mains des citoyens Regny, père et fils, de Gênes ; elle ne mettra aucun obstacle à ce qu'il en soit librement disposé.

V.

La Compagnie s'engage à payer dans trois mois, à compter de ce jour, tous les mandats fournis par elle à la trésorerie nationale, et non encore payés, lesquels montent à environ 998,424 liv., ou à les convertir, sur la demande des porteurs, en traites sur Gênes, payables à la même époque.

VI.

La trésorerie nationale remettra à la Compagnie, dans trois jours, et entre les mains de la maison de Paris, Christophe Flachat, Laporte et Castelin, la somme de 998,424 liv. en ordres sur les payeurs des départemens, en valeur métallique, or ou argent au cours de ce jour, et non autrement. Ces ordres sont stipulés payables *par urgence pour subsistances militaires et sur les premiers fonds rentrés et à rentrer :* leur produit sera imputable sur le paiement des mandats mentionnés en l'article 5, et, en cas d'excédent, sur les fournitures de la Compagnie, faites ou à faire.

VII.

Les effets provenans des contributions, qui se trouveroient encore au pouvoir de la Compagnie, seront convertis par elle de la même manière que ci-devant : elle se chargera de leur produit en recette, et l'appliquera conformément à l'article III ci-dessus.

VIII.

Il ne sera donné à la lettre du ministre des finances, du 17 brumaire, aucune suite autre que ce qui est convenu par les présentes ; et si depuis le 20 frimaire, époque postérieure à la remise des bijoux et diamans au citoyen Faypoult, par quelque cause, moyen ou autorité que ce soit, il avoit été retiré des mains de la Compagnie des sommes, effets ou valeurs quelconques, la trésorerie nationale et le ministre des finances, chacun en ce qui les concerne, s'engagent à les rétablir ou faire rétablir sans délai au pouvoir de la Compagnie ; et, jusqu'à parfait accomplissement de cette obligation, la Compagnie suspendra le paiement ou la conversion des mandats stipulés en l'article V.

I X.

Toute saisie, apposition de scellés, arrestation ou exécution quelconque sur les personnes, les biens ou les maisons des membres de la Compagnie ou de ses agens, qui auroient pu avoir lieu, sont annullées; et toutes les autorités qui les auroient provoquées, ordonnées ou exécutées, seront tenues de les révoquer sur le vu des présentes, et de mettre la Compagnie, ses maisons, propriétés, associés et agens, dans le même état où ils étoient avant lesdites exécutions.

X.

Les ordonnances subséquentes qui seront désormais délivrées à la Compagnie, soit par le ministre de la guerre, pour le service des côtes, soit par l'ordonnateur en chef, pour le service de l'armée, seront payées, au choix de la Compagnie, ou par le payeur de l'armée d'Italie, ou par la trésorerie nationale, en ordres sur les départemens, valeur métallique, or ou argent, au cours de ce jour, stipulés, comme il vient d'être dit, payables *par urgence pour subsistances militaires et des premiers fonds rentrés ou à rentrer.*

X I.

La Compagnie continuera à administrer la monnoie de Milan, en se conformant aux réglemens. Elle garantit le gouvernement de toutes les pertes qui pourroient en résulter, et en conséquence elle sera libre dans le choix des directeurs et employés de ladite monnoie, et tenue de leur faire rendre compte. La Compagnie compensera, avec ses fournitures, les bénéfices de la fabrication qui appartiennent au gouvernement; à l'effet de quoi elle rendra compte tous les mois, à la trésorerie nationale, de son administration, et lui passera quittance du montant des bénéfices reconnus et liquidés en déduction de ses ordonnances.

Fait à Paris, en neuf doubles, dont un pour le ministre des finances, un pour la trésorerie nationale, un pour le citoyen Faypoult à Gênes, un pour le général en chef de l'armée d'Italie, un pour le commissaire-ordonnateur en chef de ladite armée, et les quatre autres doubles pour la Compagnie, le 5 nivôse de l'an 5 de la République française. Le présent traité sera porté, par un courier extraordinaire, en Italie, dont les frais seront alloués à la Compagnie.

Signé, les commissaires de la trésorerie nationale, DECLERCK, LEMONIER, DESREZ, GOMBAULT.

Signé, CHRISTOPHE FLACHAT, LAPORTE et CASTELIN.

Vu et approuvé :

Le ministre des finances. *Signé*, D. V. RAMEL.

PROCÈS-VERBAL
DE PRÉSENTATION DE COMPTE
A LA TRÉSORERIE.

L'AN cinq de la République française, le dix-huit floréal, deux heures de relevée, à la requête des citoyens CHRISTOPHE FLACHAT, LAPORTE et CASTELIN, négocians à Paris, duement pourvus de patentes individuelles, conformément à la loi, associés des citoyens SABIN PERAGALLO et Compagnie, négocians à Marseille; BARTHELEMY PERAGALLO, et PAYAN, négocians à Gênes; GEOFFROY REBUFAT, et Compagnie, négocians à Livourne, et pour lesquels domicile est élu, conjointement, en la maison du citoyen FLACHAT, l'un d'eux, sise rue de Grammont, au coin du boulevart des Italiens, n.º 538, auquel domicile ils consentent et requièrent que toutes significations leur soient faites, relativement à l'objet du présent:

Nous LOUIS-LAURENT-JOSEPH IMBERT, huissier-audiencier au tribunal de Cassation, ayant patente, demeurant à Paris, rue Martin, n.º 62, division des Lombards, et les témoins ci-après nommés, soussignés, requis à l'effet de constater et vérifier ce qui suit,

Nous sommes transportés à la Trésorerie nationale, à Paris, rue Neuve-des-Petits-Champs, avec le citoyen JEAN-FRANÇOIS CHIGNARD, homme de loi, demeurant à Paris, rue Martin, n.º 77, au nom, et comme ayant charge et pouvoir des susnommés, où étant, et parlant aux citoyens Commissaires de la Trésorerie nationale, assemblés en leur bureau ordinaire,

Ledit citoyen CHIGNARD, audit nom, a présenté et remis aux Commissaires de la Trésorerie, le Compte général des opérations de banque et de commerce, faites par la Compagnie des susnommés, pour le Gouvernement, relativement à la conversion et au versement, en France, de partie des contributions d'Italie; ledit Compte *certifié par les quatre maisons de commerce qui forment la Compagnie, et par elle rendu auxdits Commissaires de la Trésorerie, en deux chapitres de recette et de dépense, et la dépense subdivisée en deux parties, dont la première comprend la compensation admise entre la Trésorerie et la Compagnie: duquel Compte, dont un double conforme est en tête du présent, il résulte que la Compagnie est créancière du Gouvernement de treize cent cinquante-trois mille cinq cent trente-neuf livres quatorze sous dix deniers, au-delà des créances compensées, et outre les fournitures non réglées, et autres objets réservés dans ledit Compte.*

Ledit citoyen CHIGNARD, *audit nom, a pareillement remis, aux Commissaires de la Trésorerie, copie de toutes les pièces justificatives, tant de la recette que de la dépense dudit Compte général, telles qu'elles sont énoncées dans les divers articles de recette et dépense, sur chacun desquels il en a été fait à l'instant un récollement, qui s'est trouvé exact. Parmi lesdites pièces est un Compte particulier des opérations de Livourne, intitulé:* Premier Cahier des opérations de la Compagnie FLACHAT, LAPORTE et CASTELIN, *dont les susnommés emploient le contenu comme partie de leur Compte général, dans lequel, en effet, il se trouve rappelé sous l'article* 17 *de la recette, et sous l'article* 13 *de la première partie de la dépense, qui en comprennent le résultat. Toutes lesquelles pièces justificatives, également certifiées par les susnommés, sont remises en deux cahiers, dont l'un in-f.º, contient* 308 *pages, et l'autre in-4º., contient* 68 *pages, cottés, l'un et l'autre, par premières et dernières pages.*

Après avoir effectué la présentation de Compte et la remise des pièces justificatives ci-dessus constatées, le citoyen CHIGNARD, *audit nom, a observé auxdits Commissaires de la Trésorerie qu'il résulte desdites pièces:* 1º. *Que les valeurs, effets et marchandises remises à la Compagnie, en Italie, provenoient de répartitions faites et perçues sur les contribuables, par les autorités françaises, long-tems avant l'époque où la Compagnie a traité avec la Trésorerie, pour en faire la conversion:* 2º. *Que la Compagnie n'a reçu, en effets et valeurs, que des mains des Payeurs de la Trésorerie à l'armée,* du banquier Balby, du citoyen Faypoult, du Consul général de la République à Livourne, et autres délégués des Commissaires du Gouvernement près l'armée, ou du Ministre des finances ; qu'ainsi la Compagnie s'est renfermée strictement dans ce qui avoit été convenu, « en ne s'immisçant en aucune manière dans la répartition « et perception des contributions : » 3°. Que la Compagnie n'ayant jamais été chargée par la Trésorerie d'aucuns services près l'armée d'Italie, où la Trésorerie avoit ses payeurs et agens pour la recette et l'emploi des fonds destinés à l'armée, s'est renfermée, d'après ce qui avoit été convenu, dans les simples opérations de banque et de commerce, qui avoient pour objet la conversion et la réalisation des valeurs qui lui étoient remises, pour faire honneur à des lettres-de-change, mandats, ordres, crédits ouverts et effets de commerce, totalement étrangers à l'armée : au moyen de quoi la Compagnie ne s'est point immiscée dans les fonctions des agens de la Trésorerie près l'armée : 4°. Enfin, que la Compagnie n'a reçu en Italie, ainsi qu'elle le certifie, aucune autre somme que celle portée au chapitre de recette du Compte général qui vient d'être présenté.

Et attendu, a-t-il été ajouté par ledit citoyen CHIGNARD, audit nom,

Que les procès-verbaux produits par la Compagnie, pour établir la recette, existent déjà depuis long-tems à la Trésorerie, parce qu'ils lui ont été envoyés par ses agens, qui, lors des remises faites à la Compagnie, exigeoient d'elles, à cet effet, la signature de plusieurs doubles desdits procès-verbaux ;

Que le Ministre des finances a reçu des Commissaires du Gouvernement, successivement et par états décadaires, les états de toutes les contributions établies en Italie, et de toutes les prises faites sur l'ennemi, avec les noms de tous les agens employés à la répartition et perception ; que la Trésorerie a aussi reçu les états de fonds versés dans les caisses des payeurs généraux ou divisionnaires, et sortis de leurs caisses ;

Que, par l'article 317 de la constitution, la Trésorerie étant seule chargée de la recette et du mouvement des deniers nationaux, tous les états des contributions lui sont parvenus ; qu'elle seule connoît l'entrée des contributions reçues, et la sortie des fonds employés ; qu'aucune autre autorité ne peut, sans la Trésorerie, avoir réglé la recette et l'emploi de ces deniers nationaux, ou fait des dispositions inconnues à la Trésorerie ; qu'ainsi le Ministre des finances et les Commissaires de la Trésorerie peuvent, en un instant, s'assurer 1°. que les pièces produites à l'appui de la recette sont aussi régulières qu'exactes ; 2°. que la Compagnie ne s'est point immiscée dans l'établissement et la perception des contributions ; 3°. qu'elle n'a pas reçu d'autres sommes que celles portées en recette dans son Compte :

Qu'à l'égard de la dépense, la première partie est composée de dispositions de commerce arrêtées à Paris, entre le Ministre des finances, la Trésorerie, et la maison FLACHAT, LAPORTE et CASTELIN ; et qu'il suffit à la Trésorerie, pour en faire la vérification, d'ouvrir un instant ses registres ; que la deuxième partie de ladite dépense est composée des ordonnances et réglemens de compte de fournitures, délivrées par le Ministre de la guerre et le Commissaire-ordonnateur en chef de l'armée d'Italie, actuellement à Paris, ordonnances dont la compensation est autorisée et convenue.

D'après cet état de choses, ledit citoyen CHIGNARD, audit nom, a invité les Commissaires de la Trésorerie à procéder, dans le plus bref délai, à l'examen et à l'apurement du Compte ci-dessus présenté, et en conséquence d'en arrêter la recette à la somme de quatorze millions deux cent quarante-huit mille six cent soixante-cinq livres dix-neuf sous huit deniers ; *la dépense à la somme de* quinze millions soixante-deux mille deux cent cinq livres quatorze sous six deniers : *et le reliquat à* TREIZE CENT CINQUANTE-TROIS MILLE CINQ CENT TRENTE-NEUF LIVRES QUATORZE SOUS DIX DENIERS : lequel reliquat lesdits Commissaires de la Trésorerie sont pareillement invités à faire payer à la maison CHRISTOPHE FLACHAT, LAPORTE et CASTELIN, de Paris, dans les termes et de la manière convenus entre la Trésorerie et la Compagnie, qui fait toutes réserves, tant pour les intérêts du reliquat de son Compte, que pour raison des articles de dépenses qu'elle n'auroit pas été dans la possibilité d'y comprendre, par l'effet des mesures illégales surprises au Gouvernement contre les susnommés, qui se réserve en outre tous ses droits pour raison d'autres créances.

Et défaut, par les Commissaires de la Trésorerie, d'apurer ledit Compte, ou de fournir leurs débats dans le plus bref délai, ledit citoyen CHIGNARD, audit nom, leur a déclaré que la Compagnie se réservoit de se pourvoir ainsi et contre qui ils aviseront, soit pour le réglement de leur Compte, soit pour le paiement de leurs créances.

A ce que du tout les citoyens Commissaires de la Trésorerie n'ignorent, et aient à y satisfaire.

Et de tout ce que dessus avons dressé le procès-verbal, en présence dudit citoyen CHIGNARD, audit nom, qui l'a signé, et desdits Commissaires de la Trésorerie; lesquels ont déclaré qu'ils recevoient ledit Compte et pièces, sans aucune approbation, n'entendant se charger que des pièces qui se trouvoient réellement au nombre de celles des cahiers cottés et paraphés, et sauf la représentation des originaux pour l'arrêté définitif. Et ont, lesdits Commissaires également signé, après avoir remis, à l'instant, en notre présence, lesdits Compte et cahiers de pièces, au citoyen DECLERC, fils, qui le reconnoît, et s'en charge, et a signé, avec nous, le présent procès-verbal, fait, assisté de HENRY-BARTHELEMY MAHON, praticien auprès des tribunaux, demeurant à Paris, rue Croix-de-la-Bretonnerie, division de l'Homme-armé, et de JACQUES DUPUIS, huissier près les tribunaux, demeurant à Paris, rue Neuve-Paul, n.º 31, division de l'Arsenal, témoins avec nous soussignés. Et avons laissé copie du présent auxdits Commissaires de la Trésorerie. Signés, CHIGNARD, GOMBAULT, DESREZ, DECLERC, SAVALETTE, et DECLERC fils; IMBERT, MAHON et DUPUIS; et enregistré.

De l'Imprimerie de D. MONIER, rue Saint-Dominique, n°. 239.